성경적창조론프로젝트저작물시리즈 01

성경적 창조론이 답이다

진화론과 유신진화론에 대한
신학자와 과학자의 답변

성경적창조론프로젝트저작물시리즈 01

성경적 창조론이 답이다
진화론과 유신진화론에 대한 신학자와 과학자의 답변

초판 1쇄   2019년 9월 23일
초판 2쇄   2020년 4월 15일

발 행 인   정창균
지 은 이   김병훈·한윤봉
펴 낸 곳   합동신학대학원출판부
주   소   16517 수원시 영통구 광교중앙로 50 (원천동)
전   화   (031)217-0629
팩   스   (031)212-6204
홈페이지   www.hapdong.ac.kr
출판등록번호   제22-1-2호
인 쇄 처   예원프린팅 (031)902-6550
총   판   (주)기독교출판유통 (031)906-9191

ISBN   978-89-97244-70-6   03230
값은 뒷표지에 있습니다.

「이 도서의 국립중앙도서관 출판예정도서목록(CIP)은 서지정보유통지원시스템
홈페이지(http://seoji.nl.go.kr)와 국가자료종합목록 구축시스템(http://kolis-net.
nl.go.kr)에서 이용하실 수 있습니다. (CIP제어번호 : CIP2019035777)」

진화론과 유신진화론에 대한 신학자와 과학자의 답변

성경적 창조론이 답이다

김병훈·한윤봉 공저

합신대학원출판부

목 차

2부 유신진화론에 대한 철학적 · 신학적 비평

3부 유신진화론에 대한 성경적 비평

한국교회는 소위 유신진화론으로 말미암아 큰 혼란을 겪고 있습니다. 합동신학대학원대학교는 이러한 현실을 매우 심각하게 여길 뿐만 아니라, 신학교육기관으로서 책임을 통감하였습니다. 우리는 무엇보다도 진화론이나 유신진화론에 대한 우리의 입장을 분명히 표명하기 위하여 2018년 11월에 합동신학대학원대학교의 모든 교수진이 동의하고 서명한 "성경적 창조론 합신 선언문"을 발표하였습니다. 그리고 진화론이나 유신진화론 등에 대하여 성경이 가르치는 창조론을 한국교회 앞에 분명히 제시하기 위하여 "성경적 창조론 프로젝트"를 시작하였습니다.

이 프로젝트는 4개의 분야로 구성되어 있습니다. 첫째는 성경적 창조론을 널리 알리고 확산시키기 위하여 국내외의 학자들과 더불어 학술 강연이나 다양한 방식의 저작물 출간 등을 진행하는 것입니다. 둘째는 합동신학대학원대학교에 성경적 창조론 전문 강사 양성과정을 개설하여 성경적 창조론을 가르치고 보급할 수 있는 지도자들을 배출하는 것입니다. 이 프로젝트는 한국창조과학회와 연합하여 공동으로 진행합니다. 4학기 과정을 이수하고 강의실습과정을 통과한 수강생들에게 양 기관이 인정하는 '성경적 창조론 전문강사' 자격증을 발부합니다. 셋째는 과학자들을 위한 신학핵심과정을 3학기 과정으로 개설하여 과학자들로 하여금 신학의 핵심 내용과 신구약성경의 해석실제를 수강하게 하고 과정 이수증을 발부하는 것입니다. 합신과 한국창조과학회는 한국교회를 진화론과 유신진화론으로부터 보호하고 성경적 창조론을 확립하기 위하여 MOU를 체결하고 상호 협력하고 있습니다.

이 책은 합신의 성경적창조론 프로젝트 디렉터인 조직신학자 김병훈 교수와 한국창조과학회 회장인 한윤봉 교수의 공저로 저술되었습니다. 김병훈 교수는 합신의 조직신학 교수로 수고하고 있습니다. 한윤봉 교수는 나노과학자로서 미국세라믹학회(ACerS)와 한국과학기술한림원(KAST)의 석학(Fellow) 회원이며, 우성일재료상(2018, 한국화학공학회), 아시아에너지기술상(2017, IAAM), 이달의 과학기술자상(2011, 교육과학기술부), 학술상 대상(2008-2009, 전북대) 등을 수상한 과학자입니다.

　아무쪼록 다양한 내용으로 전개되는 합신의 성경적 창조론 프로젝트가 한국교회와 사회에 성경적 창조론을 든든히 세워나가는 일에 크게 기여하고, 성경적 신앙을 사모하는 많은 이들에게 큰 유익을 끼치게 되기를 기대합니다.

합동신학대학원대학교
총장 정창균

합동신학대학원대학교 교수진은 "성경적 창조론 합신 선언문"을 발표하였습니다. 신학계와 교회가 유신진화론을 경계할 것과, 이것을 배격할 것을 천명하였습니다. 합신 교수진은 이 선언문에서 유신진화론이 성경의 창조론과 어긋날 뿐만 아니라, 예수 그리스도의 복음을 훼손하며 교회를 무너뜨리는 악한 결과를 낳을 것이라고 판단합니다. 합신 교수진이 유신진화론에 대하여 경계의 소리를 높이는 것은 일부 신학자들 뿐만 아니라 교회 안에서 조차 유신진화론을 무분별하게 수용하고 도리어 적극적으로 지지하는 경향마저 나타나고 있기 때문입니다.

유신진화론을 지지하는 사람들이 점점 많아지는 까닭은 진화론을 과학적으로 확정된 진리로 믿기 때문입니다. 그러다보니 유신진화론이야말로 성경에서 말하는 하나님의 창조신앙을 잘 설명하는 것이라고 믿는 것입니다. 하지만 이러한 설명은 상당히 의아합니다. 무엇보다 진화론은 하나님께서 태초에 천지를 만드셨다는 기독교 신앙의 첫 번째 명제와 어긋나기 때문입니다. 동시에 진화론은 과학적으로 증명이 된 확실한 진리가 아니기 때문입니다. 일반적으로 알려진 바처럼, 진화론은 자연 만물이 하나님에 의하여 직접 창조된 것이 아니라, 자연 만물의 이치에 따라서 스스로 나타났다고 주장합니다. 그렇기 때문에 창조론과 진화론은 서로 모순됩니다. 진화론이 참이면 창조론은 거짓이며, 반대로 창조론이 진리라면 진화론은 허구라는 것이 지금까지 통용되어온 자명한 인식이었습니다. 이러한 인식이 옳은 것이라면 유신진화론은 모순된 주장일 수밖에 없습니다. 유신진화론은 이러한 비평을 피할 수가 없습니다.

이 책은 3부로 구성되어 있습니다. 1부는 유신진화론에 대한 과학적 비평이며, 2부는 유신진화론에 대한 철학적, 신학적 비평이고, 3부는 유신진화론에 대한 성경적 비평입니다. 1부의 저자는 한윤봉 교수(전북대학교 화학공학부, 연구분야: 나노과학)이며, 2, 3부의 저자는 김병훈 교수(합동신학대학원대학교 조직신학)입니다. 신학자와 과학자가 서로의 전공영역을 나누어 유신진화론 비판이라는 공통의 관심사를 가지고 서로 의견을 나누며 집필하는 것은 뜻 깊은 일이라 생각됩니다. 한윤봉 교수는 과학자로서 진화론과 유신진화론이 안고 있는 과학적 문제점을 비평하며, 김병훈 교수는 신학자로서 유신진화론자들이 주장하는 철학적, 신학적 논점을 비평합니다.

　이러한 구성을 통해 이 책이 의도하는 바는 분명합니다. 유신진화론이 여전히 가설일 뿐인 진화론에 근거하여 성경해석의 수정을 요구하고, 신학적으로나 철학적으로 잘못된 견해를 따르고 있다는 사실을 밝히는 것입니다. 이 글의 여러 부분들은 이미 이 주제와 관련하여 저자들이 발표했던 논문들에서 필요할 경우 인용의 표기를 하거나 또는 별도의 인용을 표기하지 않은 채 옮겨온 것입니다. 이 책은 학술적 평가를 위한 것이 아니라, 일반 독자들이 관련 주제의 글들을 접하는 기회를 갖도록 하기 위한 것입니다. 이미 발표한 글과 함께 새로운 글을 더하여 주제별로 정리한 것입니다.

　이 책을 쓰며 부분적 인용을 한 글들은 다음과 같습니다.

　– 김병훈, "진화론이 인류 지성사에 미친 영향과 기독교 세계관의 대응," 『목회와 신학』, 2009. 3; "오래 전 창조론의 신학적 딜레마 – 타락전 죽음?" 『성경과 신학』 72권 (2014.

10), 85-121; "유신 진화론에 대한 신학적 비평," 「신학정
론」 33권 2호 (2015.11), 213-238.

- 한윤봉, 「제75회 월례포럼 - 유신진화론 비판」, 2019년 3월
15일, 기독교학술원; "정보와 나노기술로 바라본 유신
진화론 비판", 『당신이 몰랐던 유신진화론』 (세창미디어,
2016.5), 144-159,

이 책은 합신의 '성경적 창조론 프로젝트'의 일환으로 발간되었
으며, 합신과 한국창조과학회는 성경적 창조론의 확립을 위하여 긴
밀한 협력관계를 유지하고 있습니다. 아무쪼록 이 책이 창조론과
유신진화론 사이에서 혼란을 겪고 있는 많은 이들에게 무엇이 성경
이 말하는 진리인가를 분별하는데 도움이 되기를 기대합니다.

공동저자 **김병훈**(합동신학대학원대학교 교수, 성경적 창조론 디렉터)
한윤봉(전북대학교 화공학부 교수, 한국창조과학회 회장)

성경적
창조론이
답이다

진화론과
유신진화론에 대한
과학적 비평

한윤봉 교수

1

진화론은
과학적 사실인가?

1) 진화론이란 무엇이며, 무엇을 주장하는가?

인류는 역사 이래로 현재까지 '우주와 생명의 기원'에 대한 많은 궁금증을 가지고 있습니다. 우주와 생명의 기원에 관한 이론은 두 가지인데, 그것은 창조론과 진화론입니다. 21세기 첨단과학 시대에도 가장 첨예한 대립을 하고 있는 것이 바로 기원의 문제로서, 창조주에 의한 설계의 결과인지, 아니면 자연에서 우연히 일어난 진화의 결과인지를 놓고 대립이 계속되고 있습니다. 전자는 과학적으로 설명할 수 없는 창조주를 인정해야하기 때문에 종교이고, 후자는 자연과학적으로 설명할 수 있기 때문에 과학이라고 구분을 짓습니다. 이런 이유로 진화론자들은 창조론을 비과학(非科學)이라고 폄훼하고, 과학 시간에 창조론을 배제하고 진화론만을 교육해야 한다고 주장합니다. 그러나 진화론이 과학인지, 반면에 창조론이 비과학인지를 분별하기 위해서는 각 이론은 구체적으로 무엇이며, 무엇을 주장하고 있는지를 알아야 합니다.

　진화론은 유신론적 창조론과 달리, 무신론적 자연주의 철학이 낳은 결과입니다. 1859년 찰스 다윈의 『종의 기원』이 출판되면서 진화론이 체계화되었습니다. 다윈은 우연히 발생한 생명체가 자연선택에 의해 주어진 환경에 잘 적응하는 개체가 살아남아서 오랜 세월 동안 진화를 거듭한다고 주장하였습니다.

　오늘날의 진화론은 자연선택을 주요 메커니즘(기작)으로 하는 다윈의 진화론과 구별하여 신다윈주의(Neo Darwinism) 또는 현대종합이론(Modern Synthesis Theory)이라고 합니다. 신다윈주의에서는 자연선택과 돌연변이를 진화의 주요 기작이라고 합니다. 라마르크의 획득형질의 유전설을 부인하고 돌연변이가 진화의 요인이라고 주장한 독일의 진화생물학자 바이스만(August Weismann)이 제안한 진화 이론입니다. 최근에는 현대종합이론 외에도 단속평형설, 정향진화설, 분자진화설, 집단유전설, 이기적 유전자론 등으로 진화론이 진화하고 있습니다[1]. 그러나 이런 진화이론들의 공통점은 생명체의 기원으로 '우연에 의한 자연발생'을 주장하고 있다는 것입니다.

　진화론자들은 생명체의 기원을 화학적 진화와 생물학적 진화로 구분하여 설명합니다. 원시 생명체의 기원을 설명하는 화학적 진화는 원시 바다에서 화학반응에 의해 생성된 간단한 유기분자가 복잡한 유기물로 합성되었고, 이 유기물들이 뭉쳐서 막 구조를 갖는 원시 세포가 만들어졌으며, 나아가 원시 생명체가 자연적으로 발생했다는 주장입니다. 생물학적 진화는 약 35억 년 전에 자연 발생한 최초의 단세포 원시 생명체가 오랜 시간 동안에 '변이의 축적과 자연선택'을 통해서 복잡하고 다양한 생물체로 진화했다고 합니다.

요약하면, 진화론은 우연한 화학적 반응에 의해 생긴 유기분자가 원시 세포가 되고 결국에는 사람이 되었다(molecule-to-man)는 주장으로서, '우연과 생명의 자연발생'을 전제로 생명체의 기원을 설명하고, '변이의 축적과 자연선택'을 기작으로 현존하는 생물체의 다양성을 설명하는 이론입니다. 그러나 진화론은 자연 현상의 관찰과 실험을 통해서 증명된 이론이 아니기 때문에 과학이라기보다는 오히려 자연주의 철학에 가까운 무신론적 신념이라고 할 수있습니다.

2) 진화론은 실험과학인가, 기원과학인가?

과학은 아래와 같이 크게 자연과학과 기원과학으로 나눌 수 있습니다.

자연과학 자연에서 일어나는 여러 현상들에 대한 체계적인 연구로서 관찰을 바탕으로 이론을 유도하고 이론을 증명하기 위해 실험을 합니다. 이론이 과학적 사실이나 과학법칙으로 인정받기 위해서는 실험적으로 증명되어야 하므로 실험과학이라고도

합니다. 일반적으로 사람들이 말하는 과학은 '자연과학'을 뜻합니다.

기원과학 지구와 우주와 생명체를 비롯한 만물의 기원을 설명하기 위한 체계적인 연구로서 역사과학이라고도 합니다. 과거에 일어났던 사건을 입증하기 위해서 증거물, 현장을 목격한 증인, 사건에 대한 상세한 기록 등이 있어야 합니다. 추론적인 접근은 가능하지만, 실험으로 증명할 수 없다는 문제점을 갖고 있습니다.

창조론과 진화론은 방법론적으로는 실험을 통하여 증명할 수 없기 때문에 실험과학이 아닙니다. 반면에 창조론과 진화론은 기원의 문제를 다루기 때문에 기원과학이라고 할 수 있습니다.

그러나 기원과학의 어려움은 '우주와 생명의 기원에 관한 기록이 인류 역사에는 없다'는 점입니다. 또 한 가지 간과해서는 안 되는 중요한 사실이 있는데, 그것은 '**자연은 창조와 심판의 결과만을 보여줄 뿐, 어떻게 존재하게 되었는지, 그 기원에 대하여 결코 설명하지 않는다**'란 점입니다. 또한 진화론은 '현재 자연에서 일어나는 현상들이 과거에도 동일하게 일어났다(동일과정설)'는 가정 하에 기원의 문제를 풀려고 하기 때문에 과거 시점에 일어난 역사적인 사건을 제대로 설명할 수 없습니다. 따라서 방법론적 자연주의를 통해서는 과거 사실을 증명할 수 없을 뿐만 아니라, 과거 사실에 대한 역사적인 기록도 없기 때문에 진화론은 이론만 존재하는 기원과학입니다.

　그러나 창조론은 다릅니다. 인류 역사 기록에는 없지만, 성경의 창세기에는 천지만물(天地萬物)의 기원과 인류 초기 역사와 이스라엘의 족장시대에 대한 기록이 6하 원칙에 따라 연대기적으로 명확하게 기술되어 있습니다. 그리고 매우 중요한 사실은 창조의 현장에 예수님이 함께 계셨으며, 만물이 예수님으로 말미암아 창조되었고, 예수님이 창세기에 기록된 창조 사건들을 역사적 사실로 인용하셨다는 것입니다. 따라서 창조론은 방법론적 자연주의를 통해서는 증명할 수 없으나, 천지만물의 기원과 인류 초기 역사를 기록한 성경을 통해서 기원의 문제를 설명할 수 있는 기원과학입니다.

> 태초에 말씀이 계시니라 이 말씀이 하나님과 함께 계셨으니, 이 말씀은 곧 하나님이시니라. 그가 태초에 하나님과 함께 계셨고, 만물이 그로 말미암아 지은 바 되었으니 지은 것이 하나도 그가 없이는 된 것이 없느니라. (요 1:1-3)

> 만물이 그에게서 창조되되 하늘과 땅에서 보이는 것들과 보이지 않는 것들과 혹은 왕권들이나 주권들이나 통치자들이나 권세들이나 만물이 다 그로 말미암고 그를 위하여 창조되었고. (골 1:16)

　진화론을 과학적 사실로 믿는 사람들은 자연은 진화의 증거만을 보여주기 때문에 창조론은 과학이 아니라고 합니다. 하나님은 눈에 보이지 않기 때문에 창조론은 과학이 아닌 종교라고 합니다. 따라서 창조론을 가르치는 것은 종교적 행위이기 때문에 공교육 기관에서 교육해서는 안 된다고 주장합니다. 그러나 진화론도 실험으로 증명할 수 없을 뿐만 아니라, 자연에서는 한 종류의 생명체가 다른 종류로 진화하는 어떠한 과정도 관찰된 적이 없습니다. 따라서 창조론과 똑같은 기준으로 얘기하면, 진화론도 과학이 아니라 종교적인 믿음과 다름이 없습니다.

3) 실험을 할 수 없을 경우, 진위(眞僞)를 판단하는 방법은 무엇인가?

진화론을 과학적 사실로 믿는 무신론 과학자들은 눈에 보이지 않는 하나님이 천지만물을 창조했다는 것은 비과학적인 주장이기 때문에 믿을 수가 없으며, 따라서 성경의 내용은 과학적으로 틀렸다고 비판합니다. 도대체 과학이 무엇이 길래 창조주가 없다고 할 수 있을까요? 이런 질문에 대답하기 위해서는 과학에 대한 올바른 이해가 필요합니다.

자연과학의 정의는 **'자연 속에 숨겨져 있는 비밀들을 찾아내어 밝히는 것'**입니다[2]. 자연에 존재하는 모든 것들은 고유한 특성들, 즉 비밀들을 갖고 있습니다. 그 비밀들은 과학자들이 밤을 세워가며 연구해도 밝혀내기 힘들 정도로 오묘한 것들입니다. 그런데 그 비밀들은 어떻게 이 세상에 존재하게 되었을까요? 이런 질문에 현대과학은 해답을 주지 않습니다.

그러나 비밀에 대한 명확한 사실은 '어떤 비밀도 스스로 존재하지 않는다'는 것입니다. 비밀은 누군가가 만들어서 숨겨놓을 때만 존재합니다. 따라서 자연 속에 감춰진 수많은 비밀들을 만들 수 있는 분이 있다면, 그 분이야 말로 우리가 상상할 수도 없는 지혜와 능력을 가지신 창조주임에 틀림없습니다. 성경은 놀랍게도 그런 비밀을 만드신 창조주가 있음을 기록하고 있습니다.

> 태초에 하나님이 천지를 창조하시니라. (창 1:1)

> 믿음으로 모든 세계가 하나님의 말씀으로 지어진 줄을 우리가 아나니 보이는 것은 나타난 것으로 말미암아 된 것이 아니니라. (히 11:3)

> 창세로부터 보이지 않는 것들 곧 그의 영원하신 능력과 신성이 그 만드신 만물에 분명히 보여 알게 되나니 그러므로 저희가 핑계치 못할 지니라. (롬 1:20)

로마서 1장 20절은 자연과학의 정의와 정확하게 일치하는 말씀으로서, 자연 속에 숨겨진 비밀들이 창조주 하나님의 영원하신 능력과 신성(divine nature)의 결과임을 알 수 있습니다. 즉, 자연 속에 숨겨진 비밀들은 창조주가 피조물 속에 숨겨 놓으신 '창조의 비밀들'입니다.

사람들은 과학을 말하면서 하나님을 부인하지만, 과학은 결코 창조주의 존재를 부인하지 않습니다. 왜냐하면, 실험과학적으로 밝혀진 창조의 비밀들이 바로 과학적 사실과 법칙들이기 때문입니다. 하나님이 피조 세계를 창조하시면서 자연 속에 수많은 비밀들을 숨겨 놓았음을 깨닫게 될 때, 기독교 신앙과 과학은 뗄레야 뗄 수 없는 밀접한 관계를 가지고 있음을 알 수 있습니다. 따라서 기독교 신앙은 비과학적(非科學的)이 아닙니다.

진화론이 우주와 생명체의 우연적인 자연발생을 전제로 과학적으로 맞다고 주장하듯이, 창조과학은 전지전능하신 창조주에 의한 창조를 전제로 각 분야(물리, 화학, 생물, 지구과학, 지질학, 의학, 유전공학, 생명공학, 화학공학, 재료공학, 기계공학, 전자공학, 정보통신 등)의 전문가들이 설계에 의한 창조가 과학적으로 사실임을 변증하는 종합 학문이기 때문에 비과학이 아닙니다. 창조과학은 과학으로 하나님의 창조의 능력을 제한하는 것이 아니라, 피조세계가 인간의 과학으로는 설명할 수 없는 초과학적인 창조의 결과임을 드러내는 역할을 합니다.

피조세계가 창조의 결과임을 드러내기 위해 사용되는 과학적 방법은 무엇일까요? 과학적인 방법은 과학의 정의에서부터 시작되는데, 아래와 같이 요약할 수 있습니다.

- 첫 번째 단계는 자연에서 일어나는 현상들을 관찰하는 것입니다.
- 두 번째 단계는 '왜 이런 현상이 일어날까?' 라고 문제를 제기하고, 그 문제를 정의합니다.
- 세 번째 단계에서는 문제를 풀기 위하여 가정을 세웁니다.
- 네 번째 단계에서는 가정을 바탕으로 이론을 만듭니다.
- 다섯 번째 단계에서는 실험을 통하여 제안한 이론이 맞는지를 검증합니다.
- 여섯 번째에서는 누가, 언제, 어디에서 실험을 하건 동일한 결과들이 반복적으로 나올 때, 그 이론은 과학적 법칙 또는 과학적 사실이 됩니다.

과학에서 실험을 통하여 과학적 이론을 증명하는 과정은 매우 중요합니다. 이론이 실험적으로 증명이 안 되면, 세 번째 단계로 되돌아가서 보다 실제적인 가정을 다시 세우고 이론을 재정립한 후에 실험을 합니다. 실험적으로 증명되지 않으면, 이론은 단지 이론에 지나지 않을 뿐입니다. 따라서 창조론과 진화론은 방법론적으로는 실험을 통하여 증명할 수 없기 때문에 실험과학이 아닙니다.

실험으로 증명할 수 없다면, 창조가 맞는지 진화가 맞는지를 분별하는 방법은 무엇일까요? 실험을 할 수 없는 경우에 진위(眞僞)를 검증하는 방법은 두 가지입니다.

첫 번째, 이론을 유도하는 데 사용한 가정들이 과학적 사실(즉, 과학적 상식)과 기본 원리(즉, 과학법칙)들에 논리적으로 맞는지를 검토하는 것입니다. 사용한 가정이 비과학적이거나 비현실적이면, 유도된 이론은 아무리 훌륭하게 보일지라도 이론에 지나지 않습니다. 또 한 가지 중요한 사실은, 비과학적인 가정을 보완하기 위하여 더 많은 가정들을 세워야 한다는 점입니다. 가정이 많을수록 유도된 이론은 실험적으로 증명이 안 될 확률이 매우 높습니다.

두 번째, 제안된 이론의 결과들이 관찰되는 사실(또는 현상)들과 과학적으로 잘 일치하는지를 검토하는 것입니다. 제안된 이론이 과학적으로 사실이라면, 관찰되는 현상들을 논리적으로 설명할 수 있을 뿐만 아니라, 이미 알고 있는 과학적 사실과 과학법칙들에 위배되거나 충돌하면 안 됩니다. 이 점은 매우 중요합니다. 왜냐하면, 이미 밝혀진 과학적 사실과 과학법칙들은 실험적으로 증명된 것들이기 때문입니다. 따라서 제안된 이론의 결과들이 과학적 사실과 과학법칙들로 잘 설명할 수 있다면, 이는 제안된 이론이 과학적으로 타당함을 간접적으로 증명하는 것과 다름없습니다.

위의 검증 방법을 기준으로 창조론과 진화론을 비교하면 다음과 같습니다.

| 창조론 |

가정 : 전지전능하신 창조주, 완성된 창조, 젊은 지구와 우주

　　　(창조주는 전지하고 전능하기 때문에 설계에 의해 무엇이든지 원하는
　　　때에 처음부터 완벽하게 창조할 수 있다는 논리가 적용된다)

창조의 결과 : 최고 수준의 아름다움과 질서와 조화

- 피조세계가 과학법칙들에 의해 완벽하게 미세 조정되어 있다.
- 처음부터 완벽하고 성숙한 상태로 창조되었기 때문에 아름답다.
- 피조세계에서 관찰되는 창조의 결과들이 과학적 사실과 법칙
  으로 잘 설명된다.

| 진화론 |

가정 : 우연과 생명의 자연발생, 변이의 축적과 자연선택에 의
　　　한 계속 진행 중인 진화, 오래된 지구와 우주

진화의 결과 : 오랜 세월 동안 반복되는 고통과 죽음과 멸종

- 불완전하고 미성숙하며 아름답지 않다.
- 진화가 계속 진행 중이라고 주장하지만, 진화 과정을 관찰할
  수 없다.
- 과학적 사실과 과학법칙들에 위배된다.

　　위의 비교에서 검토한 바와 같이, 창조론에 사용된 가정은 논리
적이며, 창조의 결과들은 과학적 사실과 법칙들에 잘 일치함을 알
수 있습니다. 반면에 진화론은 비과학적이고 비논리적인 가정들을

바탕으로 하고 있기 때문에 피조세계에서 관찰되는 최고 수준의 아름다움과 질서와 조화를 제대로 설명할 수 없습니다. 그 이유는 진화론에서 주장하는 것들이 과학적 사실과 과학 법칙들에 위배되는 주장이기 때문입니다. 결국, 창조가 맞는지 진화가 맞는지에 대한 논쟁은 과학의 문제가 아니라 믿음의 문제, 세계관의 문제임을 알 수 있습니다.

4) 생명이 화학적 방법에 의하여 자연 발생할 수 있는가?

진화론에서는 약 40억 년 전에 무기물로부터 간단한 유기물이 합성되었고, 이 유기물이 화학적 중합반응을 통하여 분자구조가 더 큰 유기물로 합성되었고, 이들이 결합하여 막 구조를 갖는 원시세포가 만들어짐으로써 약 35억 년 전에 최초의 단세포 원시 생명체가 발생했다고 주장합니다. 무기물에서부터 원시 세포 형성까지를 화학적 진화라고 합니다. 화학적 진화에서는 '우연과 생명의 자연 발생'이라는 기본 가정 외에도 아래와 같은 부가적인 가정들이 필요합니다.

1) 원시 지구의 대기는 환원성 기체들(CH_4, NH_3, H_2, H_2O)로 구성되어 있었다.
2) 대기 중에는 산소가 없었고, 오존층도 없어서 태양의 자외선

이 그대로 지구에 유입되었다.

3) 대기의 수증기가 응결하여 비로 쏟아져 내려 바다가 되었으며, 지구에는 우주로부터 유입되는 강한 우주선과 함께 천둥번개가 빈번하여 대기 중에서는 방전이 빈번하게 일어났다.

4) 충분한 시간이 지난 후에 원시 바다에는 아미노산을 포함한 유기물질들이 풍부하여 원시 스프(primordial soup) 상태로 생명체가 생성될 수 있는 조건을 갖추고 있었다.

러시아의 생화학자 알렉산드르 오파린은 1936년에 그의 저서 『생명의 기원』에서 원시 지구에서 화학반응이 일어나 무기물로부터 유기물이 합성되었다는 화학적 진화를 처음으로 주장하였습니다. 1953년에 스

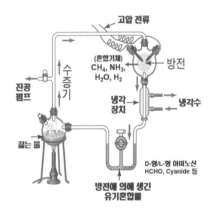

탠리 밀러(Stanley L. Miller)는 화학진화설을 증명하기 위해 위에 기술한 가정을 바탕으로 플라스크 안에 환원성 기체들(CH_4, NH_3, H_2, H_2O)을 넣고 6만 볼트 이상의 고전압 방전을 일주일 동안 계속하였으며, 그 결과 생긴 생성물을 냉각장치를 이용하여 급냉시켰습니다. 밀러는 이 실험을 통해서 L-형 및 D-형의 아미노산 혼합물(라세미 혼합물, Racemic mixture)과 포름알데히드($HCHO$), 시안화수소

(HCN), 아세트산, 젖산, 글루탐산, 요소 등을 포함하는 유기물들을 얻을 수 있었습니다. 따라서 사람들은 밀러의 실험으로 L-형 및 D-형의 아미노산이 만들어졌기 때문에 화학적 진화가 과학적으로 증명되었다고 생각했습니다.

그러나 밀러의 실험 장치는 인위적으로 고안하여 만든 장치로서 자연 상태에서는 존재할 수 없습니다. 또한 자연에서는 무기물들이 유기물로 합성되는 화학반응이 저절로 일어나지 않습니다. 특히, 유기화합물은 물과 열과 산소에 약하기 때문에 물과 열과 산소에 노출될 경우 쉽게 분해됩니다. 고전압 전기 방전에 의해 유기물이 합성된다 하더라도, 생성속도 보다 분해되는 속도가 더 빠르기 때문에 유기물이 스스로 합성되는 일은 일어나지 않습니다. 설령 유기물이 합성된다 하더라도 냉각장치가 없으면 아미노산을 포함한 유기물들을 얻을 수 없습니다.

또 한 가지 중요한 사실은 밀러의 실험의 결과로 아미노산뿐만 아니라, 폭발 위험성이 높고 살균 방부제로 사용되는 포름알데히드(HCHO)와 휘발성이 있는 맹독성 시안화수소(HCN, 청산) 등이 함께 만들어 졌다는 것입니다. 그러나 이런 독성 물질들이 있는 조건에서는 어떤 생명체도 살 수 없습니다.

밀러 실험의 가장 중요한 가정은 '원시 지구의 대기가 산소가 없는 환원성 기체들로 차 있었다'는 가정입니다. 밀러의 실험을 현재의 공기 조건에서 동일하게 진행하면 산소로 인해 아미노산이 만들어지지 않습니다. 이런 이유로 환원성 대기를 가정했지만, 이런 가정은 과학적으로 전혀 근거가 없는 것입니다. 폭스(Fox)와 도즈(Dose)는 "현재와 같은 화학진화 모델은 산소가 있으면 불가능하다"고 했으며, 워커(Walker)는 "생명의 기원에 있어서 환원성 대기는 필수 조건이다"고 하였습니다[3]. 1982년에 해리 클레미(Clem-mey)와 배드햄(Badham)은 "원시 지구 대기에 산소가 없었다는 진화론자들의 주장에 대한 과학적인 근거가 전혀 없다. 가장 오래된 암석에는 대기 중에 산소가 있었음을 보여주는 증거(즉, 산화물 암석)이 있다"고 지질학 학술지에 발표하였습니다[4].

생명체를 이루고 있는 단백질은 20여 가지의 L-형 아미노산들이 유전정보에 의해 일정한 순서로 결합하여 만들어집니다. 현재도 밀러의 실험 장치를 이용하여 라세미 혼합물을 포함하는 유기물들을 합성할 수 있지만, 자연 상태에서는 단백질 합성에 필요한 L-형 아미노산만이 선택적으로 스스로 분리되지 않습니다. 왜냐하면, 자연은 합성된 유기혼합물에서 L-형과 D-형 아미노산을 선택적으로 분리하는 능력을 가지고 있지 않기 때문입니다.

화학적 진화론은 밀러의 실험에서처럼 무기물에서 유기화합물이 저절로 만들어지고, 나아가 콜로이드 상태의 단백질, 핵산, 당류 등 고분자 화합물이 구형의 막으로 둘러싸여 형성된 작은 액체 방울인 코아세르베이트를 만들기 때문에 세포막을 가진 원시세포가 자연적으로 만들어질 수 있다고 주장합니다. 그러나 코아세르베이트의 막은 모양과 크기가 세포막과 비슷할 뿐, 유전자와 효소를 갖고 있는 세포막과는 전혀 다르기 때문에 생물학적 기능이 없습니다 [5].

과학이 발달할수록 생명체의 복잡성과 세포의 놀라운 기능들이 더 많이 밝혀지고 있습니다. 세포의 기능은 어떤 화학공장도 따라갈 수 없을 정도로 높은 수준의 복잡성과 자동제어(automatic control) 기능과 완벽한 질서와 성능을 가지고 있습니다. 세포는 결코 화학진화의 방법으로 만들어지지 않습니다. 또한 세포의 놀라운 생물학적 기능은 세포핵 안의 염색체에 들어있는 유전정보에 의해 결정되는데, 중요한 사실은 유전정보는 어떤 경우에도 저절로 우연히 만들어지지 않는다는 것입니다. 세포의 기능들은 오랜 시간에 걸쳐서 일어나는 화학진화의 결과로 설명할 수 있을 정도로 간단하지가 않습니다. 세포는 처음부터 세포로서의 완벽한 생화학적 기능을 갖도록 만들어졌기 때문에 원시 생명체가 화학 반응에 의해 자연히 발생했을 거라는 가정은 진화론자들의 희망 사항에 지나지 않습니다.

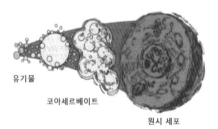

유기물

코아세르베이트

원시 세포

(좌) 화학진화를 나타내는 모형도, (우) DNA로부터의 단백질 합성 과정 모형도.

5) 원시생명체가 복잡한 고등생명체로 진화될 수 있을까?

진화론자들은 우주 대폭발(big bang) 이후에 수소 원자에서부터 화학진화에 의해 단세포 원시생명체(즉, 아메바)가 만들어졌고, 이 원시생명체가 구조와 질서도가 크고 복잡한 고등생명체로 진화되었다고 주장합니다. 그런데 이런 주장은 과학적으로 타당할까요?

지구상에는 변하지 않는 두 개의 생물학 법칙이 있습니다. 첫 번째 법칙은 "생명은 생명으로부터만 나올 수 있다"는 것입니다. 즉, 모든 생명체는 각 종류마다 고유한 조상이 있기 때문에 자연적으로 발생할 수 없다는 것입니다. 두 번째 법칙은 "같은 종류는 항상 같은 종류만 낳는다"는 유전법칙입니다.

과학이 발달하지 않았던 17, 18세기에 과학자들은 생명은 자연적으로 발생한다고 생각했습니다. 그러나 프랑스의 생화학자이며 미생물학의 아버지로 불리는 파스퇴르(Louis Pasteur)에 의해서 "생명은 생명으로부터만 발생한다"는 사실이 과학적으로 밝혀졌습니다. 파스퇴르는 1861년에 발표한 '자연발생설 비판'에서 발효가 미생물의 증식 때문이란 사실을 실험적으로 밝힘으로써, 고기국물에서 미생물이 증식하는 것은 자연발생의 결과라는 종래의 주장이 틀렸음을 입증했습니다.

생물체의 유전을 설명하는 법칙이 멘델의 유전법칙입니다. 우리 속담에 "콩 심은데 콩 나고, 팥 심은데 팥 난다"란 말이 있는데,

이는 멘델의 유전법칙을 정확히 설명하는 말입니다. 부모의 유전형
질이 어떻게 자손들에게 유전되는가를 밝힌 멘델의 유전법칙은 부
모가 갖고 있지 않은 형질은 절대로 자손들에게 나타나지 않는다는
것을 말합니다.

오늘날 지구상에 존재하는 모든 종류의 생명체들은 일정한 질
서를 유지하면서 생육하고 번성하고 있습니다. 같은 종류 내에서의
다양한 유전학적인 변이는 가능하지만, 종 내의 질서는 유지되면서
부모의 형질이 자손으로 유전됩니다. 만약에 생명체에 적용되는 유
전법칙이 없다면 지구상에 존재하는 생명체들에게서 질서를 찾아
볼 수 없으며, 상상할 수도 없는 대 혼란이 일어날 것입니다.

유전학적으로 중요한 사실은 한 종류의 생물이 다른 종류의 생
물로 진화될 수 없다는 것입니다. 즉, 각 생명체 종류마다 뛰어넘
을 수 없는 유전적인 장벽(genetic barrier)이 있기 때문에 새로운 종
류의 생명체가 발생할 수 없습니다. 영국의 생물학자 베이트슨(Wil-
liam Bateson)은 "멘델의 실험결과를 다윈이 보았더라면 종의 기원
이란 책을 내놓지 않았을 것"이라고 말했습니다[6].

멘델의 유전법칙은 수많은 실험을 통해 과학적으로 증명된 과
학적 사실인데 반해, 진화론은 과학적으로 틀린 가설을 바탕으로
하고 있습니다. 따라서 유전법칙에 위배되는 진화론은 생명의 기원
을 설명할 수 있는 과학이 아닙니다. 단세포 생물이 현존하는 200

만 종 이상의 다양한 고등생명체로 진화하였다는 주장은 유전법칙 외에도 열역학 법칙에도 위배됩니다.

단세포 생명체가 다세포 고등생명체로 진화하기 위해서는 물이 변하여 포도주가 되는 기적보다 훨씬 더 어려운 기적이 일어나야 합니다. 물과 포도주는 화학적으로 완전히 다른 물질이며, 물(H_2O) 분자가 포도주의 주성분인 에탄올(C_2H_5OH)로 변하는 기적은 '질량 보존법칙'[7]에 위배되는 기적입니다. 이런 기적은 천지만물을 창조하시고 우주의 질서 유지에 필요한 과학법칙들을 만드신 창조주만이 일으킬 수 있습니다. 자연에서는 물이 스스로 변하여 포도주가 되는 일이 결코 발생하지 않는 것처럼, 단세포 생명체가 복잡한 다세포 생명체로 발전하는 일은 결코 일어나지 않습니다.

단세포 생물에서 복잡한 고등 생명체로 진화하는 과정은 복잡도와 질서도가 점점 증가하는 과정입니다. 그러나 이런 과정은 '시간이 지남에 따라 우주의 무질서는 증가한다'는 열역학 제 2법칙(또는 무질서 증가의 법칙)에 위배되므로 자연에서는 결코 자발적으로 일어나지 않습니다. 더욱 중요한 사실은 단세포 생명체가 더 복잡하고 더 많은 기능을 가진 고등생명체로 진화하기 위해서는 유전자 변이가 상상할 수도 없을 정도로 높은 수준으로 정확하게 일어나야 하고, 수많은 새로운 정보들이 만들어져야 합니다.

예를 들면, 진화론에서는 파충류가 조류로 진화하였다고 하는데, 이런 진화는 결코 일어날 수 없습니다. 왜냐하면, 땅에 사는 파충류가 하늘을 날아다니는 새로 진화하기 위해서는 상상할 수도 없는 수준의 신체적, 구조적, 기능적 변화가 동시 다발적으로 정확하게 일어나야 하기 때문입니다. 즉, 파충류가 새로 진화하기 위해서는 상상을 초월하는 수준의 많은 새로운 유전 정보들이 동시에 만들어 져야 하는데, 유전학적으로 이런 일은 결코 일어나지 않습니다. 따라서 단세포 생명체가 복잡한 다세포 생명체로 진화하였다는 주장은 진화론자들의 희망사항에 지나지 않습니다.

6) 진화론의 '공통조상'과 '생물계통수'란 무엇인가?

생물계통수
(진화나무)

진화론에서는 화학진화를 통해 원시세포가 발생하여 아메바가 되었고 아메바로부터 6억년 이상의 연속적인 진화과정, 즉 아메바→무척추동물→척추동물→양서류→파충류→조류→포유동물→원숭이→인간으로 되는 과정을 거쳐서 현존하는 수백만 종의 생명체가 발생하였다고 주장합니다. 따라서 지구상의 모든 생명체는 과거의 생명체로부터 진화하였기 때문에 거슬러 올라가면 공통조상(아메바)를 갖고 있다는 것입니다. 그러나 공통조상은 단지 추론에 의한 주장일 뿐, 과학적으로 증명된 것이 아닙니다. 그럼에도 불구하고 진화를 주장하는 사람들은 공통조상을 전제로 진화 이야기를 풀어갑니다.

일반적으로 과학 교과서에는 공통조상과 생물계통수에 대하여 다음과 같이 설명하고 있습니다[8].

> "여러 종류의 생물이 오랜 세월을 지나면서 형질이 바뀌어 새로운 모습을 띠는 것을 진화라고 하며, 진화는 종의 다양성을 보여준다. 이는 지금의 생물 종이 과거의 생물 종에서 유래되었고, 공통의 조상을 갖는 것을 의미한다. 모든 종들은 구조와 기능이 생존에 적합하도록 변화해 왔으며 각기 다른 환경에 적응하여 살아가고 있다. 따라서 모든 생물은 하나의 줄기(공통조상)에서 여러 갈래로 뻗은 각 가지의 끝에 있는 거대한 나무의 모습으로 묘사할 수 있다. 생물의 계통수(즉, 진화나무)를 보면 오래전에는 하나였지만 가지가 갈라지듯, 모든 생물은 공통의 조상에서 갈라져 나와 현재의 모습을 이루며 진화해 가고 있다."

진화론자들은 현존하는 모든 생물체가 공통조상으로부터 진화하였다고 합니다. 반면에 창조과학자들은 모든 생명체가 종류대로 처음부터 독립적이고 완전한 상태로(즉, 어떤 진화과정도 필요 없는 완벽한 상태로) 초자연적으로 창조되었다고 합니다. 따라서 창조론은 생명의 발생을 아래 그림에서처럼 과수원의 나무들처럼 독립적으로 표현할 수 있습니다(과수원 모델). 한 종류(나무) 내에서는 변이와 환경 적응에 의한 유전자의 발현으로 종 분화(가지)가 가능합니다. 각 나무(즉, 생명체 종류)는 창조주에 의해 독립적으로 창조되었기 때문에 나무 간에는 어떤 연속적 자연 과정이나 설명이 필요 없습니다. 그러나 진화론은 나무뿌리(공통조상)에서부터 뻗어 나간 나무줄기들과 나뭇가지 사이가 연속적이기 때문에 그런 연속적인 과정들이 과거에 일어났으며, 현재에도 자연에서 일어나고 있음을 제시할 수 있어야 합니다.

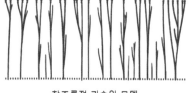 

창조론적 과수원 모델   진화론적 생물계통수 모델

간과해서는 안 되는 중요한 사실이 하나 더 있습니다. 그것은 공통조상이 사실인지 아닌지에 관한 과학적인 고민이나 질문도 없이, 진화나무 그림에서 보는 것처럼 진화가 일어났기 때문에 진화는 사실이라고 주장한다는 것입니다. 그러나 생물계통수 모델의 과학적 또는 논리적 타당성을 주장하기 위해서는 나무줄기(종류)와 나뭇가지(종) 사이의 연속성을 과학적으로 증명할 수 있어야 합니다. 진화론자들은 '변이의 축적과 자연선택'이 진화기작(evolution mechanism)이라고 주장합니다. 그러나 변이의 축적과 자연선택은 한 종

류에서 다른 종류로의 변화를 설명할 수 없습니다. 과연 오랜 시간 동안 변이가 축적되면 자연선택에 의해 새로운 종류의 생명체가 발생할 수 있을까요?

7) 변이의 축적과 자연선택에 의한 진화는 과학적으로 사실인가?

'변이의 축적과 자연선택에 의한 진화'가 과학적으로 사실이 되기 위해서는 돌연변이가 축적되면 환경에 잘 적응하는지와 자연선택에 의해서 새로운 종류의 생명체 출현이 가능한지를 확인할 수 있어야 합니다. 돌연변이 개체가 환경에 잘 적응하지 못하면, 진화 방법으로 새로운 종류의 생명체가 발생할 수 있다는 주장은 거짓이됩니다. 만약에 자연선택이 사실이라면, 이 세상은 점점 생명체가살기에 좋은 세상으로 변해가야 하고, 강한 개체들만이 살아남아야합니다. '변이의 축적과 자연선택'의 과학적 문제점이 무엇인지를살펴보면 아래와 같습니다.

① **변이의 축적** 돌연변이가 일어나면 유전자에 의해 생산되는 단백질에 변화가 생기고, 이는 유전형질의 변화를 초래합니다. 돌연변이는 자연 상태에서는 매우 드물게 일어나지만, 자외선, 엑스선, 방사선, 화학약품 등에 노출되면 높은 비율로 일어납니다. 진화론자들은 돌연변이의 축적은 유전자 집단 안에 다양한 유전적 변이

를 축적시키게 되며, 이렇게 만들어진 유전적 변이는 자연선택에 의해 진화의 가능성을 주게 된다고 주장합니다.

그러나 최근에 밝혀진 과학적 사실은 미생물, 동물, 식물, 사람의 세포에는 손상된 DNA를 수리(repair)하는 시스템이 있다는 것입니다. DNA 복구 시스템은 DNA 손상이 생길 경우에 세포주기(cell cycle)를 멈추고 손상된 DNA를 복구합니다. 하지만 DNA 복구 능력을 초과하는 손상이 생기면, 세포는 종의 유지를 위해 스스로 세포 사멸(apoptosis)을 유도합니다. 토마스 린달(Tomas Lindahl), 폴 모드리치(Paul Modrich)와 아지즈 산자르(Aziz Sancar)는 세포가 손상된 DNA를 어떻게 복구하고 유전자 정보를 보존하는지를 분자 수준에서 기록한 공로로 2015년 노벨화학상을 공동수상했습니다[9].

손상된 DNA를 복구하는 시스템의 발견은 '변이의 축적'에 의한 진화를 주장하는 진화생물학자들을 매우 당황하게 하는 것입니다. 왜냐하면, 변이가 축적되어 다른 종류의 생물로 진화하기 위해서는 DNA 복구 시스템을 가지고 있으면 안 되기 때문입니다[10]. 예를 들어, 어떤 생명체가 다른 종류의 생물로 진화하기 위해서는 그 생명체는 자신이 가지고 있는 DNA 수리 시스템이 작동하지 않도록 무력화시켜야 합니다. 그러지 않고서는 변이의 축적에 의해 다른 종류의 생물로 진화할 수 없기 때문입니다.

멘델의 유전법칙에 의하면, 부모가 갖고 있는 유전형질은 반드시 후대에 나타나기 때문에 변이가 오랜 시간 동안 축적된다 해도 유전적 특성이 전혀 다른 새로운 종류의 생명체는 나타나지 않습니다. 따라서 유전법칙과 손상된 DNA 복구 시스템은 '변이의 축적과 자연선택'에 의해 새로운 종류의 생명체로 진화할 수 있다고 주장하는 진화론자들을 곤혹스럽게 하는 과학적 사실입니다.

② **자연선택** 다윈이 제기한 자연선택은 과학적으로 가능한가? 다윈은 같은 종이라도 다른 격리된 환경에 적응하면서 발생한 변이 중 생존에 유리한 변이가 살아남고, 이러한 변이가 생존경쟁과 자연선택이 일어나는 과정에서 후대로 전해져서 진화가 일어난다고 주장하였습니다. 그러나 중요한 사실은 '**자연은 돌연변이 개체에 대하여 결코 우호적이지 않다**'는 점입니다. 오히려 유전적 결함을 가진 돌연변이 개체는 주어진 환경에 잘 적응하지 못합니다.

우리 주위에는 환경적, 유전적 요인에 의해 발생한 수많은 돌연변이 개체들이 존재합니다. 그러나 변이 개체들이 환경에 잘 적응하면서 새로운 종류의 생명체로 진화하는 현상은 결코 관찰된 적이 없습니다. 따라서 주어진 환경에 잘 적응하는 돌연변이 개체가 자연선택의 단위가 된다는 주장은 비과학적이며, 논리의 비약이 심합니다.

또 한 가지 중요한 사실은 '**자연은 무엇인가를 스스로 선택할 수 있는 능력이 전혀 없다**'는 점입니다. 자연은 창조주가 만들어 놓은 과학법칙(즉, 자연법칙)에 순응할 뿐이며, 그 법칙에 따라 여러 가지 현상들이 일어날 뿐입니다. 만약 자연선택이 사실이라면, 이 세상은 점점 생명체가 살기에 좋은 방향으로 환경이 선택적으로 나아져야 하고, 생명체들은 환경변화에 오히려 잘 적응할 수 있는 종류의 생명체로 진화해야 합니다. 따라서 '자연선택'보다는 '적자생존(適者生存)'이 진화론의 취지에 합당한 용어입니다. 누구나 알고 있는 사실은 자연 환경이 점점 나빠지는 방향으로 진행되고 있으며, 변화된 환경에 적응하지 못하여 멸종하는 생명체들이 점점 많아지고 있다는 겁니다. 따라서 '변이의 축적과 자연선택'에 의하여 생물학적 진화가 일어난다는 주장은 과학적으로 틀린 주장입니다. 이런 주장이 맞다면, 이를 입증하는 과학적 증거가 수도 없이 반복적으로 자연에서 관찰되고 재현되어야 합니다.

8) 인간과 다른 생물체의 DNA의 서열이 유사한 것은 공통조상을 말하는가?

생명현상은 DNA에 저장된 유전 정보가 RNA로 전달되고, 이를 바탕으로 생물학적 기능을 발휘하는 다양한 단백질들이 만들어지면서 일어납니다. 진화론에서는 모든 생물은 동일한 염기를 사용하여 DNA에 유전 정보를 저장하고, 저장하는 방식이 유사하기 때문에 공통조상에서부터 진화했다고 주장합니다. 가까운 종일수록 유전체의 구성이 비슷하기 때문에 공통조상으로부터 진화하였다고 할수 있다고 합니다. 예를 들면, 사람과 침팬지는 DNA 염기서열의약 99%가 유사하고 1%만 다르기 때문에 침팬지와 사람은 최근에 공통조상으로부터 분화되었다는 것입니다(나중에 틀렸음이 밝혀졌습니다). 그런데, 이런 주장은 마치 자전거와 자동차와 비행기는 모두 동일한 재료를 사용하고 부품을 제작하는 방법이 비슷하기 때문에 공통조상(수레)에서 부터 갈라져서 진화한 결과라고 주장하는 것과 같습니다.

자전거와 자동차와 비행기는 제작에 사용되는 재료와 기본적인 부품들이 같지만, 제작이 끝난 후에 최종 모양은 아주 다릅니다. 그 이유는 각각의 목적과 설계도가 다르고, 사용된 부품들의 구조와 기능과 역할이 다르기 때문입니다. 좀 더 구체적으로 살펴보면, 자전거 제작에는 약 50개의 부품이 필요하고, 자동차 제작에는 약 2만 개의 부품이 필요합니다. 그러나 비행기 제작에는 A380과 보잉 777를 기준으로 약 4백만 개의 부품이 필요합니다. 구조의 복잡성과 질서의 고도화는 자전거 〈 자동차 〈 비행기 순으로 높습니다. 부품들은 모두 설계도에 따라 다양한 모양과 구조와 기능을 가집니다. 설계할 때 사용하는 기본적인 공학적, 과학적 원리들이 같기 때문에 사용하는 주요 재료들과 핵심 부품들의 구조와 기능이 유사하도록 설계하고 제작합니다. 그러나 누구도 재료와 부품들과 부품을 조립하는 순서의 유사성 때문에 자전거와 자동차와 비행기는 공통조상(수레)로부터 만들어졌다고 주장하지 않습니다.

진화론에 의하면 하등동물에서부터 고등동물로 진화하기 때문에 당연히 유전 정보량도 증가해야 합니다. 아래의 표에서 보는 바

동물	염색체 수
사람	46
비둘기	46
침팬지	48
고릴라	48
닭	48
칠면조	48
쥐	42
달팽이	54
소	60
말	64
개	78
잉어	104

와 같이[11], DNA 유전정보를 담고 있는 염색체 수를 기준으로 하면, 사람과 비둘기가 공통조상을 가져야 하며, 침팬지, 고릴라, 닭과 칠면조가 공통조상을 가져야 합니다. 더군다나, 잉어는 염색체 수가 104개이기 때문에 가장 진화된 동물로 분류되어야 합니다. 따라서 DNA 염기 서열과 유전자 수가 유사하다는 것은 공통조상으로부터의 진화와 아무런 관계가 없음을 알 수 있습니다.

9) 자연발생적인 DNA 돌연변이가 생물체에 유익을 주며 진화를 이끄는가?

1901년에 네덜란드 식물학자 드브리스(Hugo de Vries)가 달맞이꽃 연구를 통해서 돌연히 나타난 형질이 자손에게 유전된다는 현상을 발견한 이후에 돌연변이가 진화론의 주요 기작으로 등장하였습니다. 신다윈주의는 자연선택과 돌연변이를 진화기작으로 주장하는 진화론입니다. 어떤 생물에서 돌연변이가 발생하고 그 결과가 유익한 형태로 나타난다면, 그 돌연변이 개체는 생존 경쟁력을 얻게 되어 환경에 잘 적응하게 될 뿐만 아니라, 변이가 여러 세대를 거치면서 오랜 기간 동안 축적되면 완전히 다른 생물체(새로운 종류의 생물)로 진화할 수 있다고 주장합니다.

1910년에 미국의 유전학자 모건(Thomas Morgan)은 흰눈 초파리의 발견을 계기로 초파리 돌연변이를 '염색체설'로 설명하였습니다. 1928년에 허만 뮬러(Hermann Muller)는 X-선 조사하는 양을 조절하여 초파리의 돌연변이를 인공적으로 유도하였습니다. 돌연변이를 일으켜서 초파리의 크기, 날개 모양, 색깔, 신체 구조 등을 변화시킬 수 있었지만, 여전히 그것들은 유전적 결함이 있는 초파리일 뿐이었습니다. 돌연변이는 실험실에서 얼마든지 일으킬 수 있지만, 돌연변이 개체는 정상적인 개체에 비하여 유전적인 결함으로 인해 구조적, 기능적 문제점을 안고 있습니다. 따라서 돌연변이 개체는 정상 개체에 비해 자연 환경에 잘 적응할 수 없습니다.

집단유전학(Isolated population)에서는 대립유전자의 빈도를 변화시키는 요인이 자연선택과 돌연변이라고 합니다. DNA 돌연변이가 유익한 방향으로 일어나면, 좋은 종이 자연에 의해 선택되어 신종으로 진화한다는 이론입니다. '유전적 무질서'(genetic entropy)라는 용어를 처음 사용한 카터(Carter)와 샌포드(Sanford) 교수는 '자연선택 의해 새로운 유전자를 만드는 것은 불가능한데, 생물의 유전자는 퇴화하고 있고 퇴화하는 유전자를 막기 위해 우리가 할 수 있는 것은 아무것도 없기 때문에 생물 종들은 결국에는 사멸하게 될 것이다'라고 했습니다[12]. '유전적 무질서'는 '손상 DNA 복구 시스템'과 함께 '유전체가 복잡한 고등생명체로 갈수록 점차 고도화되고 생물체에 유익을 주며 진화한다'는 진화론자들의 주장과 반대되는 것으로서 진화론자들을 당황하게 하는 과학적 사실입니다.

또 한 가지 중요한 사실은 '자연발생적인 DNA 변이에 의해 유전정보가 증가하여(즉, 새로운 유전 정보들이 만들어져서) 새로운 종류의 생명체가 되는 경우는 결코 일어나지 않는다'는 점입니다. 프랑스의 수학자이자 의학박사인 슈첸버거(Marcel-Paul Schützenberger)는 "정보는 절대로 저절로 탄생하지 않는다. 수학의 어떤 공식으로도 새로운 정보를 만들 수 없다"고 했습니다. 그는 신다윈주의는 진화를 설명할 수 없다고 결론지었을 뿐만 아니라, "진화론자들은 정보의 창조, 효율성의 증가, 자기 조직화 등과 같은 것들을 설명하지 않는다"고 진화론의 문제점을 지적하였습니다[13].

10) 종의 변화가 점진적으로 축적되면 새로운 종류의 생명체가 나타나는가?

진화론에서는 공통조상에서부터 변이의 축적과 자연선택에 의하여 새로운 종이 발생하고, 종의 변화가 오랜 기간 동안 점진적으로 축적되면 새로운 종류의 생명체들이 나타날 수 있다고 주장합니다. 그러나 이런 주장은 생물의 기본 법칙인 멘델의 유전법칙을 정면으로 부인하는 것입니다. 모든 생명체는 그 종류별로 유전적인 장벽

(genetic barrier)이 있기 때문에 지구상의 생물계에는 질서가 유지되고 있습니다.

성경에서 이야기하는 같은 종류(kind)의 생물들은 유전자 변이에 의해 다양한 모양을 갖는 종(species)들이 생겨 날 수 있지만, 다른 종류의 생명체로 진화(대진화, macroevolution)하지 않습니다. 예를 들어 갈라파고스 군도의 핀치 새입니다. 진화론자들은 핀치 새는 원래 한 종이었으나, 태풍과 같은 환경 요인에 의해 각 섬에 격리된 후 각각의 환경에 적응하는 과정에서 형태(부리의 모양)나 습성이 각각 달라져서 다른 종으로 진화했다고 합니다. 그러나 중요한 사실은 진화되었다고 주장하는 핀치 새들은 부리 모양과 습성이 조금씩 다를 뿐, 여전히 핀치 새라는 점입니다. 핀치 새의 부리 모양과 습성이 다른 것은 핀치 새가 주어진 환경에 적응(adaptation)하기 위해 유전정보가 발현된 결과일 뿐, 변이가 축적되어 다른 종류의 새로 진화된 게 아닙니다. 진화의 증거로 자주 인용되는 갈라파고스 군도의 핀치 새는 역설적이게도 '종의 변화가 축적되면 새로운 종류의 생물로 진화한다'는 주장을 극명하게 반박하고 있습니다.

1980년 10월 16일부터 19일까지 시카고의 자연박물관에서 160명의 세계정상급 진화론자들이 모여 '대진화'란 주제로 회의가 개최되었습니다. 공식회의 자료로 그 회의에 제출된 논문들로 편집된 논문집(proceedings)을 출판하지 않기로 했으나, 기자 르윈(Roger Lewin)이 '사이언스'지에 회의 내용과 몇몇 참석 학자들과의 대담 등을 종합하여 다음과 같이 보고하였습니다[14].

"시카고 학술회의에서의 주요한 의제는 소진화가 대진화 현상을 설명하는 데 확대 적용할 수 있는지에 대한 것이었다...명백한 대답은 '아니다(NO)'였다"

르원은 1982년에도 '사이언스'지에 "적응과 자연선택은 종의 분화를 진전시키지 못한다"고 보고하였습니다[15]. 결론적으로 '변이의 축적과 자연선택'에 의해 종의 변화가 일어나고, 종의 변화가 오랜 세월 동안 축적되면 새로운 종류의 생명체로 진화가 일어난다는 주장은 자연에서 전혀 관찰되지 않는 추론일 뿐입니다.

11) '유사 유전자'와 '정크 DNA'의 진실은 무엇인가?

정상 유전자와 다르게 돌연변이로 인해 단백질을 코딩(coding)하는 기능을 상실한 유전자를 '유사유전자'(pseudo-gene)라고 합니다. '유사(類似)'라고 붙인 이유는 염기서열이 정상 유전자와 비슷하기 때문입니다. 유전체가 오랜 시간 진화를 거듭하는 동안에 많은 유 전자들이 중복(duplication) 과정을 통해 새로운 유전자 사본들을 만들었고, 이들 중에는 잘못된 돌연변이가 일어나 정상적인 기능을 잃어버리게 되어, 결국은 단백질을 생산하지 않는 유사유전자들이 유전체 속에 남게 되었다는 것입니다[16]. 진화론자들은 유사유전자를 분자수준에서 유전체의 진화를 입증하는 '분자화석'(molecular fossil)이라고 하였습니다[17].

그러나 최근에 유사유전자가 단순히 진화의 산물로 남게 된 쓸모없는 DNA가 아니라, 유전자 발현을 조절하는 기능을 갖고 있다는 사실이 밝혀졌습니다[18]. RNA로 전사되는 수많은 유사유전자들은 진화의 과정에서 그 기능을 잃어버린 것이 아니라, 주변 유전자들의 발현을 촉진하거나 억제하는 기능을 갖고 있다는 것입니다[19-21].

예를 들면, 침팬지와 사람의 경우, 베타-글로빈(beta-globin) 유사유전자입니다. 베타-글로빈 유사유전자의 오류는 사람과 침팬지 모두 동일한 DNA 위치에서 일어나기 때문에 공통조상으로부터 진화가 진행된 결과라고 추정하였습니다. 그러나 베타-글로빈 유사유전자는 단백질로 번역되지 않더라도, 기능적으로 몇 가지 조절 RNA를 생산하며, 헤모글로빈 유전자 조절을 하는 등 유전적으로 중요한 기능을 한다는 사실이 밝혀졌습니다[19].

유전적으로 중요한 기능을 하는 베타-글로빈 유사유전자는 무작위적인 진화과정에서 생성된 기능이 없는 분자화석이 아닙니다. 진화론자들이 예측했던 것처럼 인간과 침팬지의 공통조상을 입증하지도 않습니다. 오히려 유전체를 건강하게 유지하기 위한 창조주 하나님에 의한 설계의 결과임을 나타냅니다.

1953년에 왓슨과 크릭에 의해 DNA의 구조가 밝혀지면서 생명체의 비밀이 조금씩 벗겨지기 시작했습니다. 유전정보는 네 가지 종류의 염기들(아데닌[A], 티민[T], 구아닌[G], 시토신[C])의 배열 순서에 따라 결정되며, 유전정보에 따라 아미노산들이 결정되고, 아미노산 들이 일정한 순서로 결합하여 단백질이 만들어 집니다. 2001년에 인간 유전체(게놈, Genome)의 30억 쌍의 염기서열 정보를 해독하는 인간게놈 프로젝트가 완료되었을 때, 충격적인 연구결과가 발표되 었습니다. 그것은 사람의 세포 속에 있는 DNA 중에 1% 만이 단백 질 생산에 관여하고, 나머지 99%는 쓸모없는 '쓰레기(Junk) DNA' 라는 것입니다. 이 발표 후에 99%의 정크 DNA가 진화과정 중에 생긴 쓸모없는 부산물로 인식되었습니다.

그런데 2003년부터 시작되어 10년 동안 진행된 엔코드(EN-CODE, The Encyclopedia of DNA Elements) 프로젝트 연구결과가 여 러 학술지에 30여 편의 논문으로 동시에 발표되었습니다[18, 23]. ENCODE 연구자들은 게놈의 80% 이상이 생화학적 기능을 갖고 있는 것으로 밝혀냈습니다[24]. 그동안 쓸모없는 정크 DNA로 알려 졌던 논코딩(noncoding) DNA는 단백질을 생성하지는 않지만, 작은 조각의 RNA를 만들어서 주변 유전자들의 발현을 조절하는 기능, 히스톤 단백질의 구조를 변형시키는 기능도 갖고 있는 것으로 밝혀 졌습니다. 한 연구자는 "이런 추정(80% 이상)은 147가지 유형의 세 포를 대상으로 한 실험과 분석에서 나온 것이며, 실제 우리 몸에 있 는 약 2,000종의 세포 유형을 다 조사하면 아마도 80%라는 수치는 100%에 가까워질 것"이라고 말했습니다. 인간게놈 프로젝트의 연 구책임자였던 유신진화론자인 콜린스(Francis Collins) 교수도 그동 안 주장해 왔던 정크 DNA는 과학자들의 지적 교만(Hubris) 때문이었다고 말했습니다[25].

진화가 사실이라면(즉, 인간이 침팬지와의 공통조상에서부터 분기되어 오랜 시간 동안의 무작위적인 진화과정을 통해서 발생했다면), 진화과정의 흔적으로 아무런 기능이 없는 쓸모없는 '정크 DNA'가 헤아릴 수 없이 많이 생겼을 것입니다. 반면에 전지전능하신 창조주의 작품이라면, 인간의 유전체에는 쓸모없는 DNA가 있을 수 없습니다.

왜냐하면, DNA에 의해서 모든 생명현상이 결정되는 인간을 포함한 생명체들은 최고 수준의 복잡하면서도 정교한 구조와 질서와 아름다움을 갖고 있기 때문입니다. 분자유전학의 발달로 밝혀지는 새로운 사실들은 인간이 침팬지와 공통조상으로부터 분기되어 진화된 존재가 아닌, 창조주에 의해 구별되게 창조된 존재임을 확신시켜줍니다.

성경에서는 창조주 하나님이 나를 모태에서 만드실 때에 내 형질을 이루는데 필요한 모든 유전정보를 유전체에 다 기록하셨음을 선포하고 있습니다.

"주께서 내 내장을 지으시며 나의 모태에서 나를 만드셨나이다. 내가 주께 감사하옴은 나를 지으심이 심히 기묘하심이라...내 형질이 이루어지기 전에 주의 눈이 보셨으며, 나를 위하여 정한 날이 하루도 되기 전에 주의 책에 다 기록이 되었나이다" (시편 139:13-16).

약 3천 년 전에 기록된 시편의 말씀은 사람의 눈으로 볼 수 없는 것을 하나님은 보시고 계시며, 놀랍게도 현대과학보다 훨씬 앞서서 모든 유전정보가 DNA에 기록되어 있다는 사실을 선포하고 있는 것입니다.

12) 사람과 침팬지의 DNA는 98.5% 동일한가?

진화론을 믿는 생물학자들은 사람과 침팬지의 DNA는 거의 동일하기 때문에 공통조상에서부터 진화했다고 주장합니다. 그런 주장의 근거는 '네이처'지에 보고된, 보노보 침팬지(Bonobo는 침팬지의 친척으로 피그미 침팬지라고도 합니다)의 유전체 염기서열을 해독한 결과, 사람의 유전체와 98.5% 이상이 동일하다는 연구결과였습니다[26]. 전 세계 언론들은 논문의 연구결과를 대대적으로 보도했으며, 그로 인해 사람들은 침팬지와 사람은 공통조상을 가지며, 진화는 과학적으로 증명된 사실이라는 믿음을 갖게 되었습니다.

그러나 언론매체들이 빠뜨린 중요한 내용이 있습니다. 그것은 논문의 연구자들이 사람과 보노보 침팬지의 '유전체 전부'를 비교한 것이 아니라는 점입니다. 그들은 염기서열이 침팬지와 사람의 유전체 중에서 **고도로 유사한 유전체의 일부 영역**(전체 유전체의 약 4%)만 선택하여 비교한 결과를 발표하였습니다. '네이처'지 논문 이전에도 인간과 침팬지 사이의 DNA 유사성이 98% 보다 크다는 수치가 틀렸다는 연구결과가 브리튼(Roy Britten)에 의해 미국과학한림원 프로시딩(PNAS)에 보고되었습니다[27]. 브리튼은 DNA 염기서열상의 삽입(insertions)과 삭제(deletions)를 포함하면, 그 수치는 95% 정도라고 했습니다. 안자이(Anzai)와 그의 연구팀은 2003년 PNAS 논문에 삽입과 삭제를 포함시키면 사람과 침팬지의 유전자 일치는 98.6%가 아니라 86.7%임을 보고하였습니다[28].

후지야마(Fujiyama)와 그의 연구팀은 인간과 침팬지의 DNA를 비교한 연구에서, 19만 8천개 이상의 염기를 비교하여 평균 98.77%의 동일성과 1.23%의 차이가 있음을 '사이언스'지에 보고했습니다[29]. 그러나 중요한 사실은 19만 8천개가 많은 수처럼 보이지만, 실제로는 전체 게놈의 1% 미만에 해당하는 숫자라는 점입니다. 그들도 브리튼의 PNSA 논문에서처럼 삽입(insertions)이나 삭제(deletions)를 고려하지 않고, 유전자의 치환(substitutions)만을 고려했습니다[30]. 염기의 치환(substitutions)만을 고려함으로써 침팬지와 인간 사이에 가장 큰 유전적 차이를 보여주는 요소들을 놓쳐버린 것입니다.

유전체의 차이를 비교할 때 고려해야 할 사항이 있는데, 그것은 퍼센트(%)로만 표시하면 결과를 해석할 때 많은 오해를 낳을 수 있다는 점입니다. 예를 들어, 전체 유전체 중에 4%의 차이가 있다면, 유전체에는 30억 개의 염기쌍이 있으므로 사람과 침팬지 사이에는 1억 2천만 개의 다른 DNA 염기쌍이 있는 겁니다. 유전정보에 의해서 생명체의 모든 것이 결정된다는 사실을 고려하면, 1억 2천만 개는 결코 작은 숫자가 아닙니다. 유전정보의 조그만 차이는 생물학적 모양과 구조와 기능과 형질에 커다란 차이로 나타나기 때문입니다.

　앞의 자전거, 자동차, 비행기의 비유에서처럼, 제작에 사용되는 재료와 기본적인 부품들은 같지만, 목적과 설계도가 다르고 사용된 부품들의 구조와 기능과 역할이 각각 다르기 때문에 제작이 끝난 후에 최종 결과는 완전히 다릅니다. 자전거, 자동차, 비행기의 부품들 중에 유사한 주요부품들(예를 들면, 바퀴, 타이어, 제동장치)만을 선택하여 분석하면 유사성이 높습니다. 그러나 자전거와 자동차와 비행기를 동일하다고 할 수 없는 이유는 사용된 주요부품들의 조그마한 차이가 각 운송장비의 능력에 커다란 차이를 주기 때문입니다. 더군다나, 제작에 필요한 전체 부품들의 갯수를 종합하여 비교하면 결코 유사하다고 할 수 없습니다.

　마찬가지 논리입니다. 유전체의 일부 영역만을 선택하여 유사성을 비교하고, 비교 결과를 바탕으로 생물체들의 공통조상을 주장하는 것은 설득력이 매우 빈약합니다. 결론적으로 사람과 침팬지의 유전체가 98.5% 이상이 동일하다는 주장은 과학적 근거가 매우 부족하며, 분자생물학의 새로운 과학적 발견들은 진화보다는 창조를 더 지지하고 있습니다.

13) 화석은 진화론을 지지하는 과학적 증거인가?

화석은 생물이 지구상에 처음 나타난 이후의 발자취를 보여주기 때문에 창조론이 사실인지, 진화론이 사실인지를 입증하는 중요한 증거자료가 됩니다. 진화론에서는 현재 지구상에서 일어나는 지층 및 지각 변화가 과거에도 동일하게 일어났다는 가정 하에 수십 억 년의 오랜 기간 동안에 침식과 퇴적이 반복되면서 지층이 형성되었고 화석이 만들어졌으며, 지구의 나이는 46억 년이라고 주장합니다.

진화론이 사실이라면, 모든 생물은 공통조상에서부터 진화했기 때문에 화석들은 생물들이 진화된 순서에 따라 발견되어야 합니다. 그러나 오늘날 발견되는 화석들은 진화론에서 주장하는 진화순서대로 발견되지 않고, 오히려 뒤죽박죽 뒤섞여서 발견됩니다. 예를 들면, 공룡화석이 발견되는 지층에서 앵무새, 부엉이, 펭귄, 오리, 아비새, 신천옹, 도요새, 가마우지, 물떼새와 같은 현대적 조류 화석들도 같이 발견됩니다. 진화론자들이 파충류에서 조류로 진화하는 중간단계의 증거라고 주장하는 시조새의 화석보다 더 앞선 시대의 지층에서 이미 완전한 조류의 화석들이 발견되고 있습니다. 이렇듯 화석은 진화론이 주장하는 순서대로 발견되고 있지 않습니다.

지층이나 암석의 선후 관계에 의해 구분된 거대한 시간 단위를 지질시대라고 합니다. 지질시대표에 의하면 맨 아래 지층인 고생대 캄브리아기 지층에서 갑자기 대규모의 고등생물들이 등장합니다. 이를 "캄브리아기 대폭발" 또는 "동물들의 빅뱅"이라고 합니다. 진화론자들은 캄브리아기를 약 5억 5천만 년 전에 시작하여 약 4억 9천만 년 전에 끝난 시대라고 주장합니다.

1995년 12월 4일 '타임(Time)'지는 고생대 캄브리아기 지층에서 잘 발달된 생물체들이 갑자기 폭발적으로 발생하는 것은 '진화생물학의 가장 심각한 모순'이라고 보도하였습니다. 왜냐하면, 가장 하등한 동물에서부터 진화된 순서대로 생물이 발생해야 하는데, 그렇지 않기 때문입니다. 그리고 캄브리아기 지층에서 발견되는 생물화석들은 고도로 정밀한 구조와 완전한 기능을 갖고 있음이 밝혀졌습니다.

예를 들어 캄브리아기 지층을 대표하는 화석인 삼엽충은 매우 정교하고 복잡한 이중 렌즈 구조의 눈을 가지고 있습니다. 캄브리아기에 갑작스레 나타난 생물들은 왜 진화되지 않았을까요? 그 이유는 생물들이 처음부터 어떤 진화과정도 필요 없는 완벽한 상태로 창조되었기 때문입니다. 이런 사실은 진화론이 가정하고 있는 진화 모델이 틀렸음을 입증하며, 오히려 모든 생명체는 종류별로 처음부터 완벽하게 창조되었다는 창조모델을 입증합니다.

교과서에는 '화석을 통해 본 생물종의 진화 과정'에 대하여 공통적으로 다음과 같은 내용이 실려 있습니다[31].

"진화론자들은 생물 진화에 대한 가장 확실한 증거는 화석이라고 주장한다. 지각을 이루는 퇴적암층은 연속적으로 형성되므로 각 지층에서 발견된 화석을 연대순으로 배열하면 생물이 진화해 온 과정을 알 수 있다고 주장한다. 또한 화석 중에는 두 종류의 생물을 연결해주는 중간 형태의 화석이 있다. 중생대 지층에서 발견되는 **시조새의 화석**은 파충류와 새의 특징을 모두 갖고 있어서 현재의 조류가 파충류에서 진화되어 왔다는 것을 알려주는 증거가 된다."

파충류에서 조류로 진화하는 중간 형태의 화석으로 시조새를 주장하고 있으나, 시조새 화석에 대한 불편한 진실은 다음과 같습니다[32].

① 시조새가 단지 '새'라는 것은 국제 시조새 학술회의에서 공인된 사실이다[33].
② 시조새가 단지 새일 뿐이라는 사실을 왜곡할 수 없다[34].
③ 시조새보다 훨씬 오래된 새의 화석이 발견되었다[35].

공통조상에서부터 변이의 축적과 자연선택 기작으로 설명되는 연속적인 진화과정에서 모든 종류의 생명체가 발생했다면, 한 종에서 다른 종으로, 한 종류에서 다른 종류의 생명체로 진화하는 과정을 보여주는 중간형태의 화석(빠진 고리 화석, missing fossils)들이 지구 곳곳에서 발견되어야 합니다. 그러나 현재까지 중간형태의 화석은 발견된 적이 없습니다. 중간 화석의 부재는 다윈에게도 해결할 수 없는 고민거리였습니다. 그는 『종의 기원』에서 다음과 같이 말했습니다.

"이 이론에 따르면, 수많은 중간 형태의 화석들이 존재해야만 하는데, 실제로 지층에서는 중간 형태의 화석 기록이 전혀 나타나지 않고 있음은 어찌된 연유일까?"

현재 지구상에서 관찰되는 생물종들의 형태는 지극히 불연속적이고, 상호간에 매우 큰 차이를 보여주고 있습니다. 아래 그림에서 보는 바와 같이[36], 화석자료들을 분석한 결과도 공통조상으로부터 출발하여 어떤 종류의 동식물에서 다른 형태로의 전이를 보여주는 연속적인 진화과정(왼쪽 그림)이 아닌, 생물종들 사이에 형태별로 극명한 차이가 있는 결과(오른쪽 그림)을 보여줍니다. 진화 과정을 보여주는 '중간 형태의 화석이 없다'는 사실은 화석기록에서 나타나는 가장 두드러진 특징으로서, 이는 진화론을 주장하는 사람들이 해결할 수 없는 과제입니다.

진화론에 따라 예측되는 화석 분포

실제 화석 분포 – 생물 형태별로 독립적인 분포

진화론자인 마이클 루스(M. Ruse)와 스티븐 스탠리(S. Stanley)는 화석 기록이 진화를 증거하지 않는다는 사실을 다음과 같이 말했습니다.

"사람들은 화석 기록에서 아주 많은 간격이 있다는 것과 이런 모든 간격들이 연결될 리가 없다는 것을 알아야 한다" - 마이클 루

스 [37]

"화석 기록은 어떤 종류의 동식물에서 아주 다른 형태로 전이되는 어떤 연속적인 기록도 보여주지 않는다" - 스티븐 스탠리[38]

진화론자인 하버드대의 스티븐 굴드(Stephen J. Gould) 교수는 전이형태의 중간화석이 없다는 것을 선포한 것으로 유명합니다.

"화석 기록에서 전이형태의 극단적인 결여는 고생물학의 기업 비밀로서 존속되고 있다. 교과서에 장식되어 있는 진화계통수(즉, 생물계통수)는 단지 그 가지의 마디와 끝 부분의 데이터만을 가지고 있다. 나머지들은 합리적이라 할지라도, 화석의 증거에 의해서가 아니고, 추론에 의한 것이다." - 스티븐 굴드

결론적으로 화석 자료는 공통조상으로부터 진화했다는 주장을 지지하지 않습니다. 오히려 종류대로의 창조를 증거하고 있음을 알 수 있습니다.

14) 지질시대표는 과학적 증거에 의한 것인가?

1859년 『종의 기원』이 출판된 후에 진화론은 신학(神學)계에 커다란 파문을 일으켰으며, 과학계에서는 인간의 이성을 중요시하는 계

몽주의와 함께 자연주의가 득세하는 계기가 되었습니다. 그리고 1872년 찰스 라이엘(Charles Lyell)이 발표한, 과거 생물의 화석을 나열하여 만든 지질시대표(또는 지질계통표)는 대중들에게 진화론을 설득력 있게 확산시키는 촉진제가 되었습니다[39]. 지질시대표는 오랜 시간 동안에 퇴적과 침식이 반복되면서 지층이 형성되었고(동일과정설), 지질시대 별로 진화순서에 따라 생물학적 진화가 일어났다는 가정을 기초로 만들어진 것입니다. 오늘날에도 진화론 또는 유신진화론을 믿는 사람들은 지질시대표를 과학적으로 증명된 지구의 역사로 믿고 있기 때문에 '진화는 부정할 수 없는 사실이다' 라고 주장합니다.

지질시대표의 기본 가정은 '오랜 시간 동안에 퇴적과 침식이 반복되면서 지층이 형성되었고(동일과정설), 변이와 자연선택에 의한 생물학적 진화가 지질시대별로 일어났다' 는 것입니다. 지질학은 지층을 근거로 하는 학문이기 때문에 해당 지역을 방문하는 게 필수적입니다. 그러나 지질시대표가 만들어진 당시의 지질학자들은 지층 현장을 제대로 방문하지 않았으며, 특히 라이엘은 자신이 살고 있는 영국도 제대로 돌아보지 않은 채, 잘못된 전제를 근거로 지질시대표를 작성했습니다[40].

지질시대표는 고생대 7개 지층, 중생대 3개 지층, 신생대 2개 지층, 총 12개 지층으로 구분되며, 각 지층마다 그 지층을 대표하는 화석들을 정해 놓았는데, 이를 표준화석 또는 시준화석이라고 합니다. 그러나 지질시대표는 진화론과 지질학을 결합하여 만든 결과로서 교과서에만 나올 뿐, 실제로 지구 지층은 지질시대표에 나열된 순서를 보여주지 않습니다.

지질학자들은 화석이 발견되면, 그 화석이 지질시대표에서 진화 순서상 어느 지질 시대에 해당하는지를 결정한 후에 화석의 시대를 정합니다. 화석이 없는 지층이나 암석도 어느 지질시대에 속하는지를 정한 후에 지층 연대를 결정합니다. 이런 결정은 지질시대표를 지구 역사의 사실로 정해 놓고, 그 안에서 화석과 지층의 나이를 정하는 방법으로서 '순환논리'라고 합니다.

지구상에는 지질시대표의 고생대 〉 중생대 〉 신생대 지층과 진화된 순서대로 화석을 보여주는 지층은 없으며, 오히려 순서가 바뀐 화석들이 더 많습니다[41]. 그럼에도 불구하고 지질시대표를 지구 역사의 사실로 믿는 이유는 방사성 동위원소 연대측정법이 지질시대표를 증명한다고 믿기 때문입니다. 그러나 기억해야 할 중요한 사실이 하나 있습니다.

그것은 라이엘이 1872년에 지질시대표를 만들 당시에는 연대측정 방법이 아예 없었다는 점입니다. 방사선은 1895년 뢴트겐에 의해 처음 발견되었습니다. 1986년에 방사성 동위원소 연대측정 원리가 소개되었습니다[42]. 방사성 탄소($C14$) 연대 측정은 1940년대 시카고 대학의 리비(Willard Libby) 박사에 의해 발명되었습니다. 따라서 라이엘은 연대측정 결과가 없는 상태에서 수억, 수천, 수백만 년에 해당하는 지층과 화석들을 지질시대표에 끼워 맞춰 넣은 것입니다[43, 44].

그럼에도 불구하고, 오늘날 지질시대표는 '오래된 지구'를 상징하는 아이콘이 되었으며, 진화론과 유신진화론을 믿는 사람들은 지질시대표의 틀 안에서 설명하면 '지성적, 과학적'이지만, 창세기를 근거로 젊은 지구를 주장하면 '근본주의적, 반지성적, 비과학적'이라고 비난하는 것을 서슴치 않습니다. 라이엘도 비슷한 말을 했는데, 자신을 "지질학의 영적인 구원자이며, 모세의 낡은 세대로부터 과학을 해방시킨 자"라고 자화자찬했습니다[45]. 역사는 하나 밖에 없는데, 지질시대표가 진짜 지구 역사라면, 모세가 쓴 창세기는 거짓 역사로서 신화로 전락되기 때문입니다.

안타깝게도 오늘날 진화론과 유신진화론을 믿는 신학자들과 크리스천 지성인들은 '지질시대표를 과학적으로 증명된 실제 지구 역사'라고 믿기 때문에 라이엘이 기대했던 대로 창세기를 기록된 대로 믿으려 하지 않습니다. 그러나 성경을 기록된 대로 믿는다고 해도 과학은 어떤 손상도 받지 않습니다. 손상을 받는 것은 과학이 아니라, 무신론적 진화론과 유신진화론입니다.

15) 방사성 동위원소 연대측정법은 진화에 필요한 긴 시간을 지지하는가?

진화론과 유신진화론을 믿는 사람들은 방사성 동위원소 연대측정 결과를 바탕으로 지구의 나이를 46억년이라고 주장합니다. 반면에 성경에 기록된 6일 창조를 믿는 창조과학자들은 일 만년 이내의 젊은 지구를 주장합니다. 오래된 지구 나이를 주장하는 학자들은 방사성 동위원소 연대측정 결과 값만을 소개할 뿐, 방사성 동위원소 측정법에 대하여 구체적으로 설명하지 않습니다. 진실은 무엇일까요?

연대측정 방법으로는 방사성 동위원소가 주로 사용됩니다. 자연계에는 원자들이 원자번호(양성자 수)는 같으나 중성자 수가 달라서 질량수가 다른 동위원소들이 있습니다. 이들 동위원소 중에는 불안정하여 방사선을 방출하면서 붕괴하여 안정된 원소로 변하는 것들이 있습니다. 예를 들면, 원자번호가 6인 탄소(C)에는 질량수가 12, 13, 14인 3개의 탄소 동위원소(C-12, C-13, C-14)가 있습니다. C-12와 C-13은 양자수와 중성자수가 변하지 않기 때문에 언제나 그대로 있지만, C-14는 불안정하여 방사능을 방출하면서 붕괴합니다.

방사성 동위원소 중 원래의 원소를 모(母)원소라고 하며, 방사능 방출에 의해 붕괴되면서 생긴 새로운 원소를 자(子)원소라고 합니다. 방사성 동위원소들은 일정한 비율로 붕괴되며, 대부분의 동위 원소들은 그 붕괴 과정이 매우 느리게 진행됩니다. 동위원소의 붕괴 속도는 반감기라는 용어로 정의되는데, 주어진 모원소의 양이 붕괴되어 절반으로 줄어드는데 걸리는 시간을 말합니다. 방사성 동위원소 측정법은 동위원소의 농도가 절반으로 줄어드는데 걸리는 시간, 즉 반감기를 계산하여 연대를 측정하는 방법입니다. 이 방법은 화석 또는 암석이 되기 직전의 방사성 동위원소의 양(즉, 초기농도)과 발견 당시에 시료에 남아 있는 양을 비교하여 연대를 측정합니다.

암석 또는 화석의 나이 측정에는 여러 가지 동위원소가 사용되는데, 동위원소들은 각각 붕괴 과정이 다르기 때문에 반감기에 상당한 차이가 납니다. 예를 들어 반감기가 5,730년인 탄소동위원소(C-14)는 다섯 번의 반감기를 거쳐 모원소가 1/32로 줄어드는데 약 3만 년이 걸립니다. 반면에 우라늄(U-238)이 납(Pb-206)으로 붕괴할 때 반감기는 45억년, 칼륨(K-40)이 알곤(Ar-40)으로 붕괴할 때 반감기는 12.5억년, 루비듐(Rb-87)이 스트론튬(Sr-87)로 붕괴할 때 반감기는 488억년입니다.

C-14와 같이 반감기가 짧은 것은 현재로부터 아주 가까운 지질시대의 연령을 측정할 때 사용됩니다. Rb-87과 같이 반감기가 긴 원소는 오랜 암석의 연령을 측정하는데 사용됩니다. 즉, 어떤 동위원소를 사용하는지에 따라 같은 시료일지라도 연대측정 결과가 판이하게 다를 수 있음을 뜻합니다.

방사성 동위원소를 이용한 연대측정 방법은 과학적이지만, 측정할 샘플에 있었던 동위원소의 초기농도 값을 모르기 때문에 이를 가정해야 하며, 방사성 물질의 붕괴속도가 일정하고, 주위로부터 방사성 물질의 유입이 없었다는 가정을 합니다. 이 세 가지 가정 중에서 측정 결과에 가장 크게 영향을 미치는 것은 첫 번째 가정, 즉 방사성 동위원소의 초기농도입니다. 초기농도를 아무도 알 수 없기 때문에, 어떤 값을 가정하느냐에 따라 방사성 동위원소 연대측정 결과는 크게 달라집니다. 또한 동위원소 종류에 따라 반감기가 다르기 때문에 자신의 편견에 따라 측정에 사용할 동위원소가 결정될 뿐만 아니라, 측정된 값 중에서 어떤 것을 선택할 것인지에 대한 결정도 주관적이기 때문에 신뢰성을 의심받는 경우가 많습니다. 방사성 동위원소 측정 결과의 신뢰성에 관하여 미국 루이지애나 주립대학의 아조이 박시(Ajoy Baksi) 교수는 다음과 같이 말했습니다[46].

> "많은 예를 보더라도, 방사성 측정 데이터의 주관적이고 잘못된 사용은 지구과학 문헌에서 풍토병이다... 많은 경우에, 불완전하고 아주 주관적인 데이터에 대한 수학적 분석은 의심스러운 결론으로 귀결된다."

방사성 동위원소를 이용하여 암석 또는 화석의 나이를 측정하기 위해서는 시료에 남아있는 방사성 동위원소 양을 정확히 측정할 수 있어야 합니다. 최근에 분석기술이 발달하여 미량원소도 정확하게 분석할 수 있게 되었습니다. 예를 들면, 매우 높은 운동 에너지로 이온을 가속하여 질량을 분석하는 가속기질량분석법(Accelerator Mass Spectrometry, AMS)과 큰 에너지(수백 eV ~ 수십 keV)를 갖는 아주 작은 마이크로 일차 이온빔을 고체시료 표면에 충돌시켜서 시료 표면에서 방출되는 이차 이온의 질량을 검출하여 분석하는 고분해능 이차이온질량분석기(High Resolution Secondary Ionization Mass Spectrometer, HR-SIMS)입니다.

HR-SIMS를 이용하면 시료 중에 있는 방사성 동위원소 양을 정확히 측정할 수 있습니다. 그러나 초기농도(암석 또는 화석이 처음 만들어졌을 때의 동위원소 농도)를 측정할 수 없다는 문제점을 여전히 가지고 있습니다. 따라서 초기 값 문제를 해결하기 위하여 K-Ar 연대측정법과 등시선 연대측정법(Isochron Dating)이 개발되었습니다. 그러나 이들 방법을 사용해도 여전히 초기 값 문제가 근본적으로 해결되지 않고 있습니다.

탄소를 포함하는 동식물 화석의 연대를 측정할 때 주로 사용되는 방사성 탄소동위원소(C14) 연대측정법은 오랜 지구를 가정하기 때문에 오래된 지구 대기 중의 C-14/C-12 비율(즉, 초기값)이 현재 대기 중의 C-14/C-12 비율(즉, 1조분의 1)과 같다고 가정합니다. 화석에서 측정된 남아 있는 C-14의 양과 현재 대기 중의 C-14 양을 비교하여 연대를 계산합니다. 그러나 이 방법은 화석중의 C-14 초기농도를 현재 대기 중의 C-14 농도와 같다고 가정하기 때문에 측정결과의 정확성이 왜곡됩니다.

반감기가 488억년인 루비듐(Rb)-스트론튬(Sr)을 사용하는 등시선 연대측정법은 자(子)원소와 같은 원소이면서 방사성붕괴에 의하여 만들어지지 않는 다른 동위원소와의 비율을 이용하여 자원소의 초기 값을 찾아내어 연대를 계산하는 방법입니다. 그러나 2017년과 2018년에 등시선 연대측정법에 사용되는 주요한 가정들에 대한 문제점이 네이처(Nature)지와 핵기술(Nuclear Technology) 지에 게재되었습니다[47, 48]. 등시선 연대측정법은 지구연대를 46억 년에 맞추기 위하여 반감기가 수백억 년이 넘는 방사성 동위원소 만을 사용하며, 연대측정에 사용되는 시료도 제한적이고, 자원소의 초기 값이 거의 현재 값에 가깝기 때문에 측정결과의 정확성을 보장할 수 없습니다[49].

방사성 동위원소 연대측정법의 정확성을 확인하는 가장 확실한 방법은 연대를 알고 있는 암석 시료에 적용해보는 것입니다. 예를 들면, 동위원소의 초기 값이 필요 없다는 K-Ar 연대측정법으로 역사적으로 화산분출 기록이 있는(즉, 나이를 정확히 알고 있는) 용암의 나이를 측정해보면 되는데, 결과는 측정값이 과도하게 부풀려졌거나 매우 틀린 연대를 보여준다는 점입니다[50-52].

1980년 5월 18일에 폭발한 미국 위싱턴 주의 세인트 헬렌산에서 채취한 화산암을 K-Ar 연대측정법으로 1986년에 측정한 결과, 실제 나이는 6년임에도 불구하고 용암은 35만 년, 사장석은 34만 년, 각섬석은 90만 년, 휘석은 170~280만 년으로 측정되었습니다.

표 1은 화산폭발한 시기(즉, 실제 나이)를 알고 있는 화산암들을 K-Ar 측정법으로 측정한 결과를 비교 요약한 것으로서 측정 오차

가 너무 커서 실제 나이와 크게 다름을 알 수 있습니다. 방사성 동위원소 연대측정법은 과학적인 방법이지만, 측정 오차 때문에 진화에 필요한 긴 시간을 제공한다는 과학적 근거로서의 신뢰성이 크게 부족합니다.

장소	측정 시료	화산 폭발 시기	K-Ar 연대측정 결과
하와이	Hualalai 현무암	AD 1800	2280만 년
시칠리아	Mt. Etna 현무암	BC 120	25만 년
캘리포니아	Mt. Lassen 사장석	AD 1915	11만 년
아리조나	Sunset 분화구 현무암	AD 1064	27만 년
이탈리아	Mt. Stromboli 화산탄	AD 1963	240만 년
워싱턴 주	Medicine Lake 흑요석	500년 전	1200만 년

표1. 나이를 알고 있는 화산암을 K-Ar 연대측정법으로 측정한 결과 비교[53]

방사성 동위원소법으로 측정되는 대표적인 화석 중에 공룡화석이 있습니다. 공룡화석은 지질시대표의 중생대(2억~7천만 년 전: 트라이아스기, 주라기 및 백악기)를 대표하는 시준화석입니다. 그러나 최근에 오랜 연대로 측정된 공룡화석들에서 놀라운 연구결과들이 학술지와 언론에 보고되었습니다.

2007년에 슈와이처(Mary Schweitzer) 박사 연구팀이 '사이언스' 지에 6천 8백만 년 되었다는 티라노사우루스 렉스(Tyrannosaurus rex) 공룡화석에서 공룡의 연부조직(soft tissue)과 적혈구와 단백질 콜라겐(collagen)이 남아 있는 것을 발견하였다고 보고하였습니다 [54]. 일반적으로 단백질을 비롯한 유기물 분자들은 생물체가 죽으면 수만 년 내에 분해되기 때문에 믿을 수 없는 결과였습니다. 이외에도 공룡 화석들에서 단백질, 연부조직, 근육, 적혈구 등이 발견되었다는 많은 연구결과들이 보고되었는데, 요약하면 아래와 같습니다.

- **2007년** 미국 노스다코타에서 발견된 6천 7백만 년 되었다는 공룡(오리주둥이 하드로사우르스) 미이라에서 피부, 근육, 인대 등 연부조직이 남아 있었다[55].

- **2013년** 가장 오래된 1억 9천만 년 전 초기 쥐라기의 배아 공룡뼈에 아직도 남아있는 유기물질을 발견하였다[56].

- **2014년** 남부 칠레의 토레스 델파인 국립공원에서 깊은 해양 경사 채널에 묻혀 있던 1억 5천만~1억 년 전 어룡 화석에 연부조직이 남아 있었다[57, 58].

- **2015년** '런던의 자연사박물관이 보유하고 있는 8개의 공룡

화석들에서 적혈구(red blood cells)와 단백질(protein)의 섬유들이 존재하는 것을 발견하였다'는 연구결과가 '네이처 커뮤니케이션'(Nature Communications)지에 보고되었고[59], 그 내용을 '사이언스'지 뉴스 기자인 로버트 서비스가 '공룡 화석에서 발견된 세포와 단백질의 흔적들'이란 제목으로 보도하였다[60].

과학적 사실은 생명체가 가지고 있는 유기물 분자들은 생물이 죽으면 쉽게 분해(decomposition)되거나 변질(degradation)되기 때문에 오랜 기간 동안 남아 있을 수 없다는 것입니다. 수억 수천만 년 이상 오래되었다는 공룡화석에 단백질, 연부조직, 근육, 적혈구와 같은 유기물질이 아직도 남아 있다는 것은 공룡들이 멸종된 시기가 그렇게 오래되지 않았음을 뜻합니다. 합리적인 사고로 판단하면 결코 오래되었다고 할 수 없는 결과입니다. 그럼에도 불구하고 그들은 진화론과 반대되는 연구결과가 나온다 하더라도 어떻게든 진화론적으로 해석하려고 합니다. 왜냐하면, 창조주를 부인하는 진화론자들에게 '지질시대표'를 바탕으로 한 오래된 지구는 양보할 수 없는 믿음의 기초이기 때문입니다.

16) 진화는 너무 느리게 일어나므로 관찰할 수 없을 뿐인가?

진화론을 믿는 사람들은 '진화는 자연에서 일어나고 있으며, 과학적으로 관찰이 가능하기 때문에 상당한 증거들이 있다'고 주장합니다. 그 뿐만 아니라, 그들은 하나님의 창조는 진화를 통해서 지금도 계속되고 있다고 주장합니다. 그러나 아직까지 자연에서 진화가 일어나는 것이 관찰된 적이 없고, 진화론을 입증하는 어떤 과학적 증거도 발견된 적이 없습니다.

진화생물학자인 리차드 도킨스는 2004년 12월 빌 모이어스(Bill Moyers)와의 인터뷰에서 다음과 같이 말했습니다[61].

> "진화는 이제까지 관측되어 왔다. 단지 그것이 일어나는 순간을 관측하지 못하고 있을 뿐이다. 진화는 진정한 과학자에게 마치 영어 단어 게임에서 하나하나 스펠링을 불러주는 것만큼이나 마찬가지로 명확하다."

그러나 이런 주장은 진화론에 대한 도킨스의 맹신에서 나온 궤변에 지나지 않습니다. 그의 인터뷰는 19세기가 아닌 21세기 첨단 과학 시대에 한 것입니다. 21세기 첨단 과학기술은 원자 수준에서 물질의 거동을 관찰하고 측정할 수 있을 정도로 발전하였습니다. 그의 말대로 진화가 이제까지 관측되어 왔다면, 첨단 과학기술로 진화가 일어나는 순간을 포착하여 실험적으로 관측하고 증명하는 일은 정말 쉬운 일입니다. 그런데도 관측하지 못하고 있는 이유는 무엇일까요?

도킨스는 '진화는 마치 영어단어 게임에서 하나하나 스펠링을 불러주는 것만큼이나 명확하다'고 했지만, 이것은 거짓말입니다. 자연에서 진화가 일어나는 것을 관찰할 수 없는 명백한 이유는 '진화가 일어나는 속도가 너무 느리기 때문이 아니라, 진화가 일어나지 않기 때문'입니다.

자연은 창조와 인간의 죄로 인한 타락의 결과만을 보여 줄 뿐입니다. 자연이 어떻게 존재하게 되었는지, 즉 창조의 과정과 방법을 결코 설명하지 않습니다. 더군다나 자연이 가지고 있는 최고 수준의 질서와 조화와 아름다움은 진화로 결코 설명할 수 없습니다. 그러나 성경은 분명하게 창조주 하나님이 우주와 그 안에 있는 모든 것들을 하나도 빠짐이 없이 완벽하게 창조하셨음을 기록하고 있습니다.

> "너희는 눈을 높이 들어 누가 이 모든 것을 창조하였나 보라 주께서는 수효대로 만상을 이끌어 내시고 그들의 모든 이름을 부르시나니 그의 권세가 크고 그의 능력이 강하므로 하나도 빠짐이 없느니라."
> (이사야 40:26)

17) 열역학 제2법칙은 진화를 지지하는가?

자연에서는 깨어지거나 쏟아진, 헝클어진 것들이 스스로 정리되면서 원래 상태로 되돌아가는 현상은 아무리 오랜 시간이 주어진다 하더라도 일어나지 않습니다. 오히려 시간이 지남에 따라 쉽게 부서지고, 깨어지고, 헝클어지고, 녹이 슬고, 무질서해지고, 늙어 가고, 썩어 가고, 낡아 갑니다. 이런 현상을 설명하는 과학법칙이 열역학 제2 법칙인데, 1850년에 독일의 물리학자 루돌프 클로시우스(Rudolf Clausius)에 의해 밝혀졌습니다. 이 법칙은 "시간이 감에 따라 우주의 엔트로피(entropy)는 계속 증가 한다"는 것으로서 자연계에서 일어나는 현상들의 자발성과 방향성을 설명하는 법칙입니다. '엔트로피'의 물리적 의미는 '무질서도'입니다.

열역학 제2 법칙 때문에 물질이 농도가 높은데서 낮은 데로 전달되며, 에너지가 높은 온도에서 낮은 온도 상태로 전달됩니다. 시간이 감에 따라 아름다운 건물들이 점점 낡아 가고, 땅은 황폐화되고, 자연은 계속 파괴되며, 사람을 포함한 모든 생명체가 늙고 병들고 죽고 썩어 없어집니다. 즉, 우주 안에 있는 모든 것들은 생명이 있건 없건 점점 무질서해지면서 붕괴의 과정을 겪게 됩니다. 만약에 지구의 엔트로피가 자발적으로 감소한다면, 이런 현상들은 일어날 수 없으며, 오히려 모든 것이 점점 새로워지고 질서가 점점 증가하는 현상들이 무수히 일어나야 합니다. 그러나 인류역사상 그런 일이 일어난 경우는 단 한 번도 없었습니다.

열역학 제2 법칙을 적용할 때 주의해야 할 점이 있는데, 그것은 시스템(system)과 주위(surroundings)를 동시에 고려해야 한다는 겁니다. 시스템의 엔트로피가 감소하면, 반드시 주위의 엔트로피는 증가합니다. 주위의 엔트로피가 감소하면, 시스템의 엔트로피는 증가합니다. 따라서 시스템과 주위의 엔트로피를 합한 우주의 엔트로피는 계속 증가하게 됩니다.

종종 사람이 태어나서 성장하는 것을 무질서가 감소하고 질서가 증가하는 예로 주장하는 경우가 있습니다. 그러나 이는 열역학 제2 법칙을 잘못 이해한 대표적인 경우입니다. 인간은 매우 복잡하면서도 잘 조직된 구조와 최고 수준의 질서를 가지고 있는 시스템입니다. 생명을 유지하기 위해서 주위로부터 음식(물질)을 섭취하여 에너지를 만듭니다. 시스템인 인체 내에서는 수천 개의 화학반응들이 동시다발로 일어납니다. 그러나 생명을 유지하기 위해 주위로부터 공급되는 물질과 에너지를 만드는 과정과 생명현상의 결과들은 주위의 무질서를 증가시키는 결과를 초래합니다. 결국 생명체들은 시간이 감에 따라 점점 나빠져 가는 주위 환경에 영향을 받게 되며, 환경에 적응하지 못한 종들은 멸종되기도 합니다. 인간이 가는 곳마다 환경이 파괴되고, 인간은 나이가 들수록 점점 늙으면서 죽음을 향해 갑니다. 노인이 어린이가 되는 일은 결코 일어나지 않습니다.

열역학 제2 법칙에 대한 또 다른 오해는 제2 법칙이 겉으로 보기에 아무런 변화가 없는 평형상태에만 적용된다고 잘 못 이해하는 경우입니다. 그러나 열역학은 평형 또는 비평형 상태에서 일어나는 에너지와 일과의 관계를 다루는 학문으로서 열역학 제2 법칙도 예외는 아닙니다. 이를 잘못 적용하면, '평형에서 아주 멀리 떨어진 경우(즉, 비평형상태), 그 특성이 평형상태와 아주 달라서 전혀 기대할 수 없는 현상이 일어나고, 우주에 흩어져 있는 엔트로피가 다시 감소하면서 뜻밖의 질서가 나타날 수 있습니다. 이런 과정이 반복되면 생명을 탄생시키면서 끊임없이 진화할 것이다'는 주장을 하게 됩니다.

이런 주장에 대한 근거가 일리야 프리고진(Ilya Prigogine)이 주장하는 무산구조(dissipative structure)입니다. '평형에서 멀리 떨어진 상태에서는 제2 법칙을 만족시키면서도 질서 잡힌 구조, 즉 무산구조가 생긴다'는 주장입니다. 예를 들면, 물이 담긴 주전자를 가열하면 엔트로피가 증가하면서 대류현상이 일어나 물이 한쪽 방향으로 움직입니다. 가열하기 전에는 여러 방향으로 움직이던 물 분자들이 대류에 의해 (가열전보다 엔트로피가 증가하여 혼돈스럽지만) 질서 있게 한 방향으로 움직이기 때문에 질서가 생긴다는 주장입니다.

그러나 이런 대류 현상이 열역학 제 2법칙에 반대되는 현상이라고 해석하는 것은 앞서 지적한 바와 같이 시스템(주전자 안에 있는 물)만 고려하여 2법칙을 잘못 적용한 또 다른 예에 지나지 않습니다. 대류는 외부(주위)에서 시스템에 가한 영향에 의해 생기는 온도차, 농도차 및 속도차에 의해서 어느 한쪽 방향으로 물질 또는 에너지가 이동하는 물리적인 현상입니다. 비평형상태의 대류현상도 시스템과 주위를 동시에 고려하면, 전체 엔트로피는 증가합니다. 이를 우주에 적용하여 설령 수십억 년 동안 반복적으로 무산구조가 생긴 다 하더라도, 그것은 생명 탄생에 필요한 유전정보와는 전혀 관계 없는 물리적 현상의 방향성일 뿐이며 진화의 원동력이 될 수 없습 니다.

열역학 제2 법칙 때문에 자연에서는 무질서가 스스로 질서로 발 전하는 일은 아무리 오랜 시간이 주어진다 하더라도 일어나지 않 습니다. 이 법칙은 진화론이 얼마나 비과학적인지를 잘 설명해줍니 다. 왜냐하면, 진화가 일어나기 위해서는 시간이 지남에 따라 자연 계의 무질서는 점점 감소하고, 오히려 질서가 자발적으로 높은 수 준으로 증가해야하기 때문입니다. 그러나 자연에서 그런 일은 결코 일어나지 않습니다. 결론적으로 진화론은 열역학 제2 법칙에 정면 으로 위배되는 비과학적인 이론입니다.

2
타협이론에 대한 과학적 비평

타협이론의 뿌리는 진화론과 지질시대표이며, 성경의 역사를 지질시대표의 역사와 타협함으로써 다양한 타협이론들이 나왔습니다. 타협이론을 주장하는 사람들의 공통점은 '진화와 지질시대표와 빅뱅우주론은 과학적으로 증명된 사실이다'라는 믿음을 갖고 있다는 점입니다. 그 중에서도 지질시대표는 지질학적 시대(고생대, 중생대, 신생대) 별로 멸종과 진화가 반복적으로 일어났으며, 화석들을 진화의 순서대로 지질시대에 맞춰서 배치해놨기 때문에 증명된 지구의 역사처럼 믿게 합니다. 타협이론에는 간격이론, 날-시대이론, 점진적 창조론, 구조가설(골격해석), 다중격변론, 진화창조론, 과학적 유신론 등이 있습니다. 본 글에서는 근래에 한국 교회와 신학자들과 다음세대 젊은이들에게 영향을 끼치고 있는 진화창조론, 다중격변론, 과학적 유신론을 중심으로 타협이론에 대한 과학적 문제점을 비평하고자 합니다.

1) 다중격변론

최근에 한국에서는 '다중격변론'을 주장하는 크리스천 지성인들이 있습니다. 특히, 『창조와 격변』의 저자는 그의 책과 강연을 통해서, 하나님이 진화의 순서대로 생물들을 창조하시고 멸종시키는 일을 수십억 년 동안 반복하다가 아담을 창조하셨는데, 우주에서 날아온 운석들과의 충돌로 인해 지구에는 여러 번의 격변과 멸종이 일어났다고 주장합니다[62]. 마지막으로 일어난 격변이 노아홍수였는데, 신생대 제4기 홍적세(250만~1만 년 전)에 일어났다고 합니다. 이런 주장을 하는 이유는 저자가 진화론적 지질시대와 연대를 사실로 인정하고, 운석공(운석이 떨어져서 생긴 구멍)들의 연대를 설명할 때 진화론 지질시대표를 사용하고 있기 때문입니다.

또한, 『창조와 격변』의 저자는 지구상의 퇴적지층들 대부분은 노아홍수 때 만들어진 것이 아니라, 운석충돌로 인한 다중격변에 의해 만들어졌으며, 지층 속 화석들은 먼 과거에 있었던 멸종의 기록들이며, 공룡의 멸종은 중생대 말에 일어났고, '아담 이전에 죽음이 있었다'고 주장합니다.

그러나 다중격변론은 성경적으로, 신학적으로, 과학적으로 많은 문제점을 가지고 있습니다. 첫 번째는 노아홍수 사건을 전지구적인 격변적 사건이 아니라 지역적인 사건으로 해석한다는 점입니다. 두 번째는 인간이 타락하기 전부터 이미 죽음이 있어왔다는 주장을 비롯한 많은 신학적 문제점을 가지고 있다는 점입니다. 세 번째는 과학적으로 증명이 안 된 진화론적 해석과 주장을 사실로 믿고 추론하고 있다는 점입니다. 그럼 차례대로 살펴보기로 하겠습니다.

성경에는 방주에 탄 노아식구와 동물들을 제외하고 지구 전체를 15규빗(약 7미터) 깊이의 물로 덮었다가(창 7:19-20) 쓸어버린 전 지구적인 노아홍수 사건과 하늘로부터 유황불을 내려서 소돔과 고모라를 멸망시킨 국부적인 사건(창 19:24) 외에는 다중격변에 관한 어떤 기록도 없습니다.

또한 성경 어디에도 '아담 이전에 죽음이 있었다'는 기록이 없습니다. 오히려 '인간의 죄로 인하여 모든 피조물이 저주 아래 놓이게 되었으며(창세기 3:17), 그 결과 피조물이 다 함께 고통을 겪고 있으면서 다시 회복되는 날을 고대하고 있다(로마서 8:19-22)'고 기록하고 있습니다. 바울 사도는 선악과 사건을 역사적 사실로 인용하면서 "한 사람으로 말미암아 죄가 세상에 들어왔고, 그 죄로 말미암아 사망이 왔다(로마서 5:12)"고 '죄와 사망의 관계'를 명확하게 밝히고 있습니다.

그러나 『창조와 격변』에서 저자는 인간의 타락 이전에도 죽음이 반복되었다고 주장합니다. "...인간의 타락 이전에도 동식물의 죽음이 있었음을 추론하는 것은 어려운 일이 아니다. 한 예로 타락하기 이전 에덴동산에도 무수히 많은 미생물들이나(비록 아담과 하와는 알지 못했다고 해도) 땅에 기어 다니며 눈에 잘 보이지 않는 작은 곤

충들이 많이 있었을 것이다. 그리고 이들은 아담과 하와가 발자국을 떼어놓을 때마다 (본의 아니게) 엄청난 숫자가 밟혀서 죽지 않았을까? ... 창세기 1장에서 말하는 바 "보시기에 좋았더라"는 말은 인간의 죽음을 상정하고 있지는 않겠지만 동식물의 죽음까지 없었음을 의미하는 바는 아니라고 해석할 수 있다. 오히려 인간의 타락 이전에 일어났던 대규모 격변이나 멸종은 인간의 생존을 위한 하나님의 은혜로운 배려라고도 해석할 수가 있을 것이다"(p. 535~538).

그는 성경에 기록되어 있지 않은 아담 이전의 죽음을 애써 추론하고 합리화하고 있습니다. 그러나 성경에는 인간의 타락 이전에 대규모 격변과 멸종이 반복되었다는 기록이 없습니다. 퇴적지층들 속 생물들의 죽음을 하나님의 심판이었던 노아홍수가 아닌 여러 차례에 걸친 운석 충돌로 인한 것이라고 해석한다면, 또는 아담의 범죄 이전에 하나님께서 수많은 생명체들을 멸종에 이르게 할 큰 심판적 사건을 수 차례나 해오셨다면, 이러한 해석은 성경의 권위와 무오성을 심각하게 훼손합니다. 다중격변론은 창세기에 기록된 창조와 전 지구적인 노아홍수 사건을 믿지 않고, 지질시대표에 대한 믿음을 근거로 오래된 지구 연대를 주장하는 타협이론입니다.

저자는 책 전체를 통해서 오랜 지구나이를 주장하기 위해 선택적으로 얻어진 방사성 동위원소 연대측정법 값을 성경기록보다 위에 놓고 설명하는 내용이 여러 번 등장합니다. 그리고 "지구역사에서 단 한 차례의 대규모 홍수만 있었다는 대홍수론의 가장 큰 어려움은 기존의 연대측정 결과와 맞지 않는다는 것이다"(p. 470)고 주장합니다.

  방사성 동위원소 중에 반감기가 5730년인 탄소-14(C-14)를 사용할 경우, 탄소연대 측정 원리상 6만 년까지의 연대를 측정할 수 있습니다. 지질시대표 상에는 5억 4,200만 년 전에 다양한 종류의 동물화석이 갑작스럽게 폭발적으로 출현한 캄브리아기에서부터 신생대에 이르기까지 수억 년에 걸쳐 생명체가 멸종과 진화를 반복하였다고 주장합니다. 이게 사실이라면, 수억 년으로 여겨지는 화석들에는 탄소-14 동위원소가 남아 있으면 안 됩니다. 그러나 측정해 보면 예외 없이 모든 동식물 화석에서 탄소-14가 측정됩니다. 이런 결과는 지구의 나이가 진화론에서 주장하는 46억 년보다 훨씬 젊다는 것을 뜻합니다.

  『창조와 격변』에서 저자는 "그랜드 캐년과 인근 캐년들의 형성 …만일 노아홍수로만 현재의 지층형성을 설명하려면 홍수가 있었던 10여 개월 동안 쉬지 않고 시간당 평균 2-3m의 속도로 지층이 퇴적되었다고 가정해야 하는데 이것은 상상하기 어렵다"(p. 485)고 주장했습니다.

  그는 시간당 2~3m의 속도로 지층이 형성되는 것에 대하여 상상하기 어렵기 때문에 그랜드 캐년의 사행천을 예로 들면서 "사행 패턴은 느린 침식 하천의 특징이므로 대홍수가 갑작스럽게 물러가면서 침식작용이 일어날 때는 구불거리는 캐니언이 만들어지지 않는다"고 했습니다. 그러나 그의 주장은 동일과정설만을 지질학의 기본 원리로 생각하던 시대의 주장에 근거한 것입니다. 최근의 지질학은 격변론을 다시 받아들이고 있다는 것을 잘 모르고서 한 주장입니다.

1923년 Harlen Bretz는 미국 몬테나 주에 있는 빙하호수인 미즐라 호수(Lake Missoula)의 홍수에 의해 불과 며칠간의 짧은 시간 동안에 사행천인 팔로우스 캐년(Palouse Canyon)을 포함하는 그랜드 쿨리(Grand Coulee) 계곡과 퇴적 지층들이 형성됐다는 가설을 발표하였습니다. 그는 30년 동안 집념어린 연구를 통하여 부인할 수 없는 대홍수에 대한 증거들을 계속 발표함으로써, 1960년대에 그의 홍수 가설이 사실로 인정을 받게 되었습니다. 그는 1980년에는 미국 지질학회에서 수여하는 최고의 영예인 펜로우즈(Penrose) 메달을 받았습니다. 미즐라 호수의 홍수에 의해 밝혀진 지질학적 사실은 '사행천과 퇴적지층은 빠른 홍수의 결과로 생긴다'는 것입니다[63].

유타주 콜로라도 고원에는 300m 깊이의 사행 협곡인 산후안 거위목(San Juan Gooseneck) 사행천이 있습니다. 세퍼드(Shepherd) 박사는 대규모 인공 수로를 사용하여 사행천 형성에 관한 실험 결과를 사이언스지에 발표했는데, '산후안 강의 거위목 협곡 사행천은 하천에서 모든 흙(충적층)을 끌고 나갈 정도의 엄청난 강도의 배수 과정에 의한 침식작용의 결과로 생긴 것이다'라고 하였습니다 [64]. 2007년에 쉬버(Schieber)는 '사이언스'지에 지구상에서 흔한 퇴적물인 점토는 진화론에서 주장하는 것처럼 정지된 물에서 천천히 가라앉아 암석이 된 것이 아니라, 이동하는 물에 의한 역동적인 환경에서 퇴적되었음이 틀림없다고 발표했으며[65], 쉬버는 2013년에 인공수로 실험을 통해서 석회암(탄산염) 지층이 천천히 퇴적되는 것이 아니라 빠르게 흐르는 물과 파도에 의해 급격하게 퇴적된다는 사실을 확인했습니다[66].

또한 콜로라도 주립대학교 토목공학과의 삐에르 줄리앙(Pierre Julian) 교수는 크기가 다른 모래 혼합물(Heterogeneous sand mixtures)을 포함하는 혼탁류 대형 인공수로를 이용하여 퇴적층이 형성되는 데 오랜 시간이 걸리지 않으며, 진화론에서 주장하는 오랜 시간 동안에 걸쳐 지층이 차례대로 형성된다는 지층누적의 법칙이 틀렸음을 실험적으로 확인했습니다[67-69].

1980년 5월 18일 미국 시애틀의 세인트 헬렌 화산의 분화가 있었습니다. 이때 화산폭발에 의해 발생한 저탁류(화산재와 눈 녹은 물이 섞인 흙탕물)로 인해 수 시간 만에 7.5m의 퇴적지층이 형성되었습니다. 지질학적 관찰을 통해 확인된 세인트 헬렌 산의 경우는 격변적인 사건에 의하여 두꺼운 퇴적층이 순식간에 형성될 수 있음을 보여준 대표적인 사례입니다. 노아홍수 사건은 세인트 헬렌 화산폭발과는 비교도 되지 않는 전지구적인 대격변 상황이었으며, 현재 생성되는 퇴적지층보다 훨씬 큰 규모의 퇴적지층이 노아홍수 사건에 의해 형성될 수 있음을 쉽게 유추할 수 있습니다.

결론적으로 최근의 연구결과들은 퇴적층이 짧은 기간 동안에 역동적으로 형성될 수 있음을 밝혀냈으며, 전체 지구 지층의 약

75%인 퇴적지층과 그 속에서 발견되는 화석들은 노아홍수가 얼마나 큰 규모의 전 지구적인 격변이었는지를 보여주는 생생한 증거들입니다. 『창조와 격변』에서 주장하는 것처럼 수백만 년의 시간적 간격을 두고 운석충돌에 의해 지층들이 만들어졌다면, 그 격변과 격변 사이에 오랜 침식의 흔적이 남아 있어야 합니다. 그러나 그랜드 캐년을 비롯한 지구상의 퇴적 지층들은 그런 침식의 흔적을 보여주지 않고, 마치 시루떡을 켜켜이 쌓아 놓은 것처럼 평탄면만을 보여줄 뿐입니다. 다중격변론은 전 세계에 균일하게 형성되어 있는 퇴적 지층들과 휘어져서 생긴 습곡지층들이 어떻게 형성되었는지, 그 이유를 제대로 설명하지 못합니다.

2) 진화적 창조론

최근에 크리스천 과학자가 『무신론 기자, 크리스천 과학자에게 따지다』(무크따)와 『과학시대의 도전과 기독교의 응답』(과도기)을 출판하였습니다[70, 71]. 저자는 [무크따]에서 아래와 같은 내용으로 진화적 창조론을 주장하고 있습니다.

> "창조주가 진화라는 방법을 사용해서 생물을 창조했다고 본다."(p. 43)
> "우주 진화와 생물 진화를 인정하고 진화 이론을 수용한다."(p. 248)

나아가 저자는 "우리가 믿는 것은 '성경을 우상시하는 성경교'가 아니라 '예수를 믿는 기독교'이다"(p. 110)라고, 기독교인을 '성경교인'과 '예수교인'으로 구분했습니다. 그의 말은 '기독교는 예수님을 믿는 것이지, 성경을 기록된 대로 믿는 것은 우상을 믿는 것과 같다'라는 뜻으로 해석됩니다.

복음주의 기독교인들은 성경을 하나님의 말씀으로 믿기 때문에 예수 그리스도를 구세주로 믿습니다. 성경에 대한 믿음이 없이는 그리스도에 대한 믿음도 있을 수가 없습니다. 왜냐하면, 예수님은 구약 성경에서 예언된 대로 이 땅에 오셔서 하나님의 말씀을 성취하셨을 뿐만 아니라, 하나님과 함께 창조사역을 하셨고, 만물이 예수님으로 말미암아 창조되었기 때문입니다.

> "태초에 말씀이 계시니라 이 말씀이 하나님과 함께 계셨으니 이 말씀은 곧 하나님이시니라. 그가 태초에 하나님과 함께 계셨고, 만물이 그로 말미암아 지은 바 되었으니 지은 것이 하나도 그가 없이는 된 것이 없느니라."(요 1:1-3)

[무크따]에서 뿐만 아니라, [과도기]에서도 저자는 창세기는 당대의 문화와 상식 그리고 고대 근동지방의 우주관을 바탕으로 썼기 때문에 기록된 내용들이 사실이 아니라고 주장합니다.

> "지구가 편평하고 움직이지 않으며, 궁창이라는 하늘의 벽에는 해

와 달과 별들이 붙어서 하루에 한 번씩 지구 주위를 돌고 있고, 궁창 위에 물 층이 있는 그런 고대의 우주관이 성경에 담겨 있다."(p. 110).

창세기가 고대 근동지방의 우주관을 반영한다는 [무크따]와 [과도기]의 근거는 무엇일까요? 그것은 위에서 언급한 것에서 보듯이 히브리어 '라키아'로 표현되는 궁창에 대한 저자의 이해 때문입니다. 창세기 1장 6-8절을 보겠습니다.

> "하나님이 이르시되 물 가운데에 궁창이 있어 물과 물로 나뉘라 하시고 하나님이 궁창을 만드사 궁창 아래의 물과 궁창 위의 물로 나뉘게 하시니 그대로 되니라 하나님이 궁창을 하늘이라 부르시니라 저녁이 되고 아침이 되니 이는 둘째 날이니라."

저자의 말대로 창세기가 고대 근동지방의 우주관을 반영한다면, 여기서 궁창은 '단단한 반구 모양의 천장'을 뜻할 것입니다. 그러나 그러한 생각은 잘못입니다. 왜냐하면 궁창, 곧 '라키아'는 넓게 펼쳐진 광활한 공간을 가리키는 비유적인 언어로 보는 것이 옳기 때문입니다. 김진수 교수는 이러한 견해를 『아담은 역사적 인물이 아닌가』라는 저서에서 잘 설명해주고 있습니다.[72] 궁창이 이러한 의미를 가지고 있다는 것은 궁창을 뜻하는 히브리어 '라키아'의 동사 용례에서도 잘 알 수 있습니다. 욥기 37장 18절에 동사 '라카'가 나타나는데, 여기서 그것은 '두들겨 넓게 펴다'라는 것을 뜻합니다.

> "그대는 그를 도와 구름장들을 두들겨 넓게 만들어 녹여 부어 만든
> 거울 같이 단단하게 할 수 있겠느냐" (욥 37:18)

여기서 "구름장"은 하늘을 가리키며, '단단하게 할'로 번역된 '라카'는 앞에 나오는 '두들겨 넓게' 만든다는 것을 의미합니다. 동사 '라카'의 의미를 고려할 때, 이와 관련한 궁창의 '라키아'는 '넓게 펼쳐진 공간'을 의미할 따름이며, 단단한 반구형 천장을 뜻할 이유는 없습니다. 성경에서 하늘은 넓게 펼쳐진 휘장이나 차일에 종종 비교되고 있다는 것도 고대 근동지방의 우주관과 다른 이해를 성경이 가지고 있음을 말해줍니다.

이를테면 시편 104편 2절에서는 하늘로 번역되는 '샤마임'이 '펼쳐진 휘장'에 비유되는 것에서도 잘 알 수 있습니다. 또한 이사야 40장 22절 "그는 땅 위 궁창에 앉으시나니 땅에 사는 사람들은 메뚜기 같으니라 그가 하늘을 차일 같이 피셨으며 거주할 천막 같이 치셨고"의 말씀에서 "땅 위 궁창"으로 번역된 단어는 '라키아'와는 다른 '후'이지만, '라키아'와 마찬가지로 땅 위에 펼쳐진 넓은 공간을 가리킵니다. 이사야는 이 공간을 가리켜서 "차일같이" 펼쳐진 하늘이라고 표현하고 있습니다. 심지어는 땅이라도 넓게 펼쳐진 경우 '라카'라는 단어로 표현(사 42:3, 44:24, 시 136:6)되고 있습니다.

이렇게 '라키아'를 이해할 때, 창세기 1장 7절 '궁창 위의 물'은 단단한 둥근 천장이 떠받치고 있는 물을 말하는 것이 아님을 알 수 있습니다. '궁창 위의 물'이란 넓게 펼쳐진 하늘 공간 안에 담겨진 물을 가리키며, 구체적으로는 구름을 가리키는 것으로 봄이 옳습니다.(참조. 욥 26:8 "물을 빽빽한 구름에 싸시나 그 밑의 구름이 찢어지지 아니하느니라."; 욥 38:37 "누가 지혜로 구름의 수를 세겠느냐 누가 하늘의 물주머니를 기울이겠느냐") 그럼에도 성경의 궁창이 고대 근동 지방의 우주관을 반영하며 하늘 위의 물을 떠받치는 둥근 천장이라고 주장하는 이들은 창세기 7장 11절을 지적합니다.

> "노아가 육백 세 되던 해 둘째 달 곧 그 달 열이렛날이라 그 날에 큰 깊음의 샘들이 터지며 하늘의 창문들이 열려"

여기서 말하는 '하늘의 창문들'이라는 표현은 둥근 반구형의 천장인 궁창에 창문이 있는 것을 표현하고 있다는 주장을 합니다. 그러나 이것은 지나친 해석입니다. '하늘의 창문들'이란 성경의 다른 곳에서도 사용되고 있으며, 그것들은 비유적인 표현들이기 때문입니다.

> "그 때에 왕이 그의 손에 의지하는 자 곧 한 장관이 하나님의 사람에게 대답하여 이르되 여호와께서 하늘에 창을 내신들 어찌 이런 일이 있으리요 하더라 엘리사가 이르되 네가 네 눈으로 보리라 그

러나 그것을 먹지는 못하리라 하니라" (왕하 7:2)

"두려운 소리로 말미암아 도망하는 자는 함정에 빠지겠고 함정 속에서 올라오는 자는 올무에 걸리리니 이는 <u>위에 있는 문이 열리고</u> 땅의 기초가 진동함이라" (사 24:18)

"만군의 여호와가 이르노라 너희의 온전한 십일조를 창고에 들여 나의 집에 양식이 있게 하고 그것으로 나를 시험하여 내가 <u>하늘 문을 열고</u> 너희에게 복을 쌓을 곳이 없도록 붓지 아니하나 보라" (말 3:10)

이러한 연구를 통해 볼 때, 창세기 1장에서 궁창을 가리키는 '라키아'가 고대 근동 지방의 우주론을 반영하며, 하늘의 물을 떠받치고 있는 단단한 반구형의 천장을 뜻한다고 보는 것은 섣부른 판단입니다.

현대인들은 둥근 지구가 우주 공간에 떠 있다는 사실을 잘 알고 있습니다. 고대인들은 어떠했을까요? 흔히 사람들은 콜럼버스가 신대륙을 발견한 여행으로 말미암아 지구가 둥글다는 사실을 새롭게 발견한 것으로 말합니다. 그러나 그것은 오해입니다. 콜럼버스의 탐사 이전에는 지구가 평평한 사각형으로 되어 있었고, 계속 항해하다보면 어느 지점에서는 낭떠러지에서 떨어지게 될 것으로 사람들이 알고 있었다는 대중적인 편견이 있지만, 사실은 그렇지 않습니다. 콜럼버스의 탐사 여행의 목적은 지구가 둥글다는 것을 증명하고자 한 것이 아닙니다. 사람들이 이미 알고 있었기 때문입니다.

예를 들어, 그리스의 철학자이며 수학자인 피타고라스(기원전 582-497)는 지구가 둥글며, 완전한 구형이라고 했습니다. 그리스의 철학자 아리스토텔레스(기원전 384-322)는 월식 때 달에 생기는 지구 그림자가 둥글다는 것, 남쪽지방으로 가면 북쪽 지방의 하늘에서 볼 수 없었던 별자리가 보이고, 수평선 너머에서 배가 다가올 때 돛대의 끝이 먼저 보이기 시작한다는 것 등을 관찰함으로써 지구가 둥글다고 확신하였습니다. 만일 지구의 둘레가 원형인 편평한 접시와 같은 것이었다면 나타날 수가 없는 현상임을 파악했기 때문입니다. 심지어 그리스의 수학자이자 천문학자인 에라토스테네스(기원전 274-196)는 하지 때 해의 그림자를 이용하여 둥근 지구의 둘레를 거의 정확하게 측정해내기까지 하였습니다.

콜럼버스가 신대륙을 발견하기 이전에는 사람들이 지구가 편평하다고 믿었다는 잘못된 주장은 사실 19세기 후반에 무신론자인 앤드류 화이트(Andrew White)와 존 드레이퍼(John Draper)가 꾸며낸 것입니다. 이 무신론자들은 '중세 교회가 지구가 편평하다는 주장을 하였다'는 거짓 주장을 하면서, 이처럼 과학의 발전을 방해해 온 교회는 이제 다윈의 주장을 받아들임으로써 이러한 오류에서부터 벗어나야 한다고 주장하였습니다[73].

그러면 성경은 지구에 대하여 어떻게 가르치고 있을까요? [무크따]나 [과도기]에서 말하는 것처럼 성경이 말하는 지구가 고대 근동

지방의 우주관과 같이 편평한 것일까요? 전혀 그렇지 않습니다. [무크따]나 [과도기]의 주장은 옳지 않습니다.

성경은 놀랍게도 지구가 원형의 둘레를 가지고 있으며, 그것은 단순한 원형의 둘레를 가진 편평한 물체, 곧 원반의 형태가 아니라, 하나의 구형체임을 가르쳐줍니다. 우선 NIV 성경을 비롯한 많은 성경 번역에서 볼 수 있듯이, 이사야 40장 22절은 개역개정 성경에서 "땅 위 궁창"으로 번역하고 있는 것을 '땅의 원형 둘레'를 뜻하는 "above the circle of the earth"로 번역하고 있습니다. 이것만으로는 지구가 구형체임을 말하는 것은 아니겠지만, 적어도 땅의 둘레가 원형이라는 것은 확실하게 말합니다.(참고, 욥 22:14: 26:10: 잠 8:27) 성경은 또한 욥기 26장 7절에서, "그는 북쪽을 허공에 펴시며 땅을 아무것도 없는 곳에 매다시며"라고 말씀하심으로써, 지구가 허공에 떠 있다는 사실을 보여주고 있습니다. 아울러 종종 편평한 지구를 뜻한다고 잘못 인용되는 계시록 7장 1절에서 '땅 네 모퉁이'는 동서남북을, '사방의 바람'은 네 방향(즉, 동서남북)에서 부는 바람을 뜻하는 것으로서 결코 지구가 편평하다는 뜻이 아닙니다. 이러한 성경의 교훈을 바르게 해석하면 지구는 둥근 둘레를 가진 구형체라는 것을 말씀하고 있음을 알 수 있습니다.

성경은 과학책은 아니지만, 과학으로 진리 됨이 부정되는 책이 아니며, 더 나아가 고대 근동의 세속적 우주관을 지지하는 책이 아닙니다. [무크따]나 [과도기]의 주장은 받아들이기 어렵습니다.

또 한 가지 궁금증은 '성경의 우주관은 고대 근동지방의 우주관처럼 천동설을 가르치고 있을까요?' 입니다. 창세기 1장에는 첫째 날부터 여섯째 날까지 "저녁이 되고 아침이 되니 첫째 날이니라... 둘째 날, 셋째 날, 넷째 날, 다섯째 날, 여섯째 날"이라고 기록되어 있습니다. '저녁이 되고 아침이 되는 현상'은 물리적 현상으로서, 이 말씀은 첫째 날에 창조된 지구가 가만히 있지 않고, 창조된 직후부터 돌기(즉, 자전운동) 시작했다는 것을 뜻합니다.

그리고 창조 넷째 날에는 하나님께서 지구를 중심으로 사방팔방 우주 공간에 별들(천체)을 창조하셨는데(지구가 우주의 중심이라는 뜻은 아닙니다), 천체를 창조하신 목적이 창세기 1장 14절에 명확하게 나타나 있습니다. 즉, '낮과 밤을 나뉘게 하고, 날이 가고 달이 가고, 계절이 바뀌고, 해가 바뀌는 것을 알 수 있도록 하기 위해 하나님은 천체를 창조하셨다'는 것입니다. 이는 모두 물리적 현상들인데, 천체 운행에 질서가 없다면 일어날 수 없는 현상들입니다. 따라서 하나님은 창조된 천체가 질서를 가지고 운행할 수 있도록 창조 넷째 날에 우주법칙들을 정하셨음을 쉽게 알 수 있습니다. 또한 계절이 바뀌고 해가 바뀌는 것을 알 수 있도록 하기 위해서 지구가 태양주위를 공전하도록 하셨음도 알 수 있습니다(즉, 성경에 천동설에 대한 말씀은 없습니다). 이런 구체적인 내용이 창세기에 기록되어 있지 않지만, 말씀을 바탕으로 너무나 쉽게 유추할 수 있는 내용입니다.

결론적으로 "지구가 편평하고 움직이지 않으며, 하늘의 벽에는 해와 달과 별들이 붙어서 하루에 한 번씩 지구 주위를 돌았다"는 내용은 성경 어디에도 없습니다. 모세는 당시 근동지역의 고대 우주관과는 전혀 다른 내용, 즉 현대 우주과학에서 밝혀진 대로의 천체 운행을 간결하지만 놀라울 정도로 정확하게 기록하였음을 알 수 있는데, 이는 성령님의 감동이 없었다면 할 수 없는 것입니다. 만약에 모세가 성령님의 감동이 없이 창세기를 썼다면, 당시의 문화와 지식과 잘못된 우주관을 바탕으로 기록하였을 것입니다.

[무크따]에서 저자는 아담이 인류의 조상이 아니라고 주장합니다. 당시에 아담 외에도 사람들이 있었기 때문에(p. 232) 아담이 인류의 조상일 필요가 없고 원죄는 대표성의 원리에서 이해하는 것이 바람직하다고(p.234) 주장합니다. 그는 "아담이 진화의 방법으로 창조되면 안 되는 이유라도 있나?" 라고 반문합니다.(p. 229) 이런 주장을 하는 이유는 '창조주가 진화라는 방법을 사용해서 생물을 창조했다'(p. 43)는 그의 믿음 때문입니다.

> "신이 자연선택이나 유전자 변이 등과 같이 인과관계를 설명할 수 있는 진화의 방식을 사용해서 인간을 창조하지 않아야 할 이유는 없다."(p. 84) "아담이 진화의 방법으로 창조되면 안 되는 이유라도 있나?"(p. 229)

[무크따]를 개혁신학 관점에서 비평한 내용을 요약하면 아래와 같습니다.(진화창조론에 대한 상세한 신학적 비평은 2부를 참조하십시오)

"(『무신론 기자, 크리스천 과학자에게 따지다』에서) 창조와 진화를 조화시키기 위해 저자가 제시하는 방법은 논리적 일관성의 측면에서 볼때에 여전히 문제가 많아 보인다. 전반적으로 볼 때에 "대화자"는 창조과학을 막기 위해서 너무 단단히 자연주의적 방어막을 치는 바람에 자신마저 그 안에 갇혀 결국 자신이 무신론적 진화주의에 대해 제기했던 비판을 고스란히 다 떠안게 되는 형국을 보여준다." [74]

[과도기]에서 저자는 우주와 생명의 기원에 대하여 다음과 같이 말합니다.

"지구에서 가장 오래된 화석은 5억년 까지 거슬러 올라간다. 그 이전 시대는 미생물의 흔적들이 화석으로 남아 있으며, **최초의 생명체는 대략 35억년에서 41억 년 전에 발생**했다. 다양한 생물종이 담겨 있는 **화석의 나이를 측정해보면** 지구의 역사가 흘러감에 따라 **단순한 종들이 먼저 나오고 복잡한 종들이 나중에 출현한다는 생물의 역사**를 알 수 있다. 즉 지구의 역사 초기에는 단순한 형태의 종들이 존재했고 그 후 시간이 흐름에 따라 복잡한 종들이 지구상에 출현했다. 우주와 지구와 생물의 역사가 흘러왔다는 것을 알 수 있다. 이렇듯 **과학을 통해 밝힌 우주의 역사**를 **기독교적 관점**에서 보면 창조주 하나님께서 **매우 긴 시간 동안 천지를 창조**하신 것을 알 수 있다." [75]

저자는 창조주가 생명체들을 종류대로 창조하신 것을 믿는 대신에 진화론에서 주장하는 생물의 자연발생, 오랜 시간에 걸쳐 원시생명체가 복잡한 종으로 진화했다는 생물학적 진화와 진화의 필수 조건인 오래된 지구를 과학적 사실로 믿고 있음을 알 수 있습니다. 화석의 나이는 생물의 역사와 아무런 관계가 없음에도 불구하고, 화석을 통해 생물의 역사를 알 수 있다고 주장합니다. 그러나 오늘날 어떤 과학자도 현대 과학이 우주의 역사를 다 밝혔다고 하지 않습니다. 즉, 과학이 아직도 우주의 기원을 제대로 밝혀내지 못하고 있음에도 불구하고, 저자는 '과학을 통해 밝힌 우주의 역사'라고 주장합니다. 그리고 '기독교적 관점에서 보면 하나님이 매우 긴 시간 동안 천지를 창조'하신 것을 알 수 있다고 합니다. 그러나 이것은 잘못된 결론입니다. 저자가 결론짓고 싶은 것은 '진화론적 또는 진화창조론적 관점에서 보면, 하나님이 매우 긴 시간 동안 천지를 창조하셨다' 입니다.

그리고 저자는 [과도기] 곳곳에서 '성경을 통해서 하나님이 창조주이심을 알 수 있지만, 자연을 통해서는 창조의 과정과 방법을 알 수 있다'고 합니다. 나아가, 창조는 자연적 방식(즉, 진화와 빅뱅)으로 창조되었으며, 지금도 창조가 계속되고 있다고 주장했습니다.

> "하나님은 창조세계에 부여한 자연법칙을 토대로 우주의 수많은 구성물들을 자연적 방식으로 창조하셨고, 지금도 별들과 생명들을 자연적 방식으로 창조하고 계신다." [76]

그러나 이런 주장은 '하나님이 6일 동안의 창조를 다 마치시고 일곱째 날에 안식하셨다'는 성경말씀을 왜곡하는 겁니다. 또한, 저자는 하나님이 지금도 자연적 방식으로 별들과 생명들을 창조하신다고 주장하지만, 하나님은 자연에 그런 창조의 능력을 주시지 않았습니다.(자세한 설명은 1부 16과(페이지 73-74)를 참조하십시요) [과도기]를 개혁신학 관점에서 조직신학자가 비평한 내용을 요약하면 아래와 같습니다.

> "『과학시대의 도전과 기독교의 응답』에서 제시된 진화창조론은 과학의 연구 결과를 '일반계시'와 혼동하는 오류를 보여주고, 다윈주의 진화론과 자연주의의 틀에 너무 매여 있기 때문에 반기독교적 세계관을 내포하고 있으며, 주요 교리에 있어서 전통적 개혁신학의 가르침과 심각한 불협화음을 일으키기에 개혁신학이 받아들일 수 없다." [77]

이상에서 본 바와 같이, [무끄따]와 [과도기]에서 저자는 '생물학적 진화는 과학적 사실이다'라는 믿음 때문에 성경에 없는 얘기를 하고 있을 뿐만 아니라, 성경 말씀을 교묘하게 왜곡하고 있습니다. 그는 '변이의 축적과 자연선택'에 의하여 원숭이와 공통조상에서부터 인간으로 진화했다는 생물 진화론을 과학적 사실로 믿고 있음을 알 수 있습니다. 성경은 과학책이 아니기 때문에 과학적으로 해석하면 안 된다고 하면서, 정작 본인은 자기의 이성과 진화론에 대한 믿음을 바탕으로 성경을 해석함으로써 심각한 과학적, 신학적 논란을 일으키고 있습니다.

3) 과학적 유신론

최근에 한 역사신학자가 『과학과 신의 전쟁』을 출판하였는데, 과학적 무신론을 비판하고, 그 대안으로 신의 존재를 입증하기 위하여 '과학적 유신론'을 제안하였습니다[78]. 저자는 과학주의가 지배하는 시대에 맞게 창조론을 통섭적으로 해석하여 다시 써야 한다고 주장하였습니다.

> "하나님이 **말씀으로 창조하셨다는 서술은 말 그대로 신화이죠**. 이 신화 속에 감추어진 신비적 의미를 **현대적인 창조론으로 풀어내려면**, 고대의 신화에서부터 현대에 이르기까지 신학, 철학, 고전과학, 그리고 현대 양자과학의 발전이 어떻게 진행되었는지에 대해 **통섭적인 이해**를 갖추어야 해요."[79]

위의 주장에서 간과해서는 안 되는 말이 있는데, 그것은 '**하나님 말씀으로의 창조는 신화**'와 '**통섭적 이해**'입니다. 그러나 하나님이 말씀으로 창조하신 것을 '신화'로 폄훼하는 것은 말씀의 권위를 무시하는 것이나 다름없습니다. 창조의 신비를 '통섭적인 이해'를 통해서 현대적인 창조론으로 풀어내어야 한다는 주장은 너무 사변적이며 비논리적입니다.

어떤 사실(예, 창조주의 존재와 창조의 결과들)에 대한 존재 원인을 규명할 때, 모든 것(예, 신학, 철학, 고전과학, 양자과학)을 종합적으로 고려하여 일반적인 결론을 도출하는 것은 사실상 불가능합니다. 왜냐하면, 이들 각 분야가 완전하지 않고 상호간섭 없이 독립적으로 발전할 수 있기 때문입니다. 더군다나, 어떤 존재 원인을 해석할 때, 최종 내리는 결론은 해석자의 믿음과 세계관과 지식수준에 따라 달라지기 때문입니다. 오히려 통섭적으로 해석하게 되면, 본질의 순수성을 잃어버리고 엉뚱한 자기 나름의 주장을 하는 경우가 더 많게 됩니다.

『과학과 신의 전쟁』에서 저자는 노자의 도덕경에서 나온 도(道)사상을 과학으로 정의하면서 노자의 유무(有無)는 우주 에너지의 총량이며, 모든 존재의 '최초원인'이며, 빅뱅 이전의 '특이점'에 해당된다고 주장했습니다. 그는 노자의 도(道)사상에서부터 현대물리학의 양자과학까지 다양한 지식을 통섭적으로 소개하여 '과학적 유신론'(또는 현대 창조론)을 주장하고 있지만, 그 내용이 전반적으로 너무 어렵고 사변적이며, 아래와 같이 오해를 살만한 내용들이 많습니다 [80, 81].

"에너지보존법칙(열역학 제1법칙)에 의하면, 영원히 증감되지 않는 우주에너지가 태초부터 존재했다. 과학적으로 유(有)는 우주에너지 총량을 의미한다...우주에 존재하는 만물의 모든 특성 또한 우주에너지 총량에 포함되어 있다고 하지 않을 수 없다. 그렇다면 신의 존재도 여기에 포함되고 있다... 이제 어느 누가 창조신의 존재를 믿든 안 믿든, **우주만물이 존재하게 된 '최초원인'은 '우주에너지 총량'** 이란 사실은 과학적으로 인정할 수 밖에 없다. **우주에너지 총량에**

는 이미 '창조의 신'이 존재하고 있다."

"태초의 창조 이전에 에너지 우주가 영원불변하게 존재하고 있었다면, **그곳에서 스스로 존재하게 된 생명체가 최고도로 진화할 수 있었다**는 추론은 진화론에 의하여 부정될 수 없다. 왜냐하면 이 추론은 앞에서 서술한 바와 같이 진화론과 하나님이 자기 기원을 '스스로 있는 자'로 설명하신 말씀에 정확하게 일치하기 때문이다. 진화론에 의하면 알 수 없는 긴 시간 동안 **영원불변의 에너지우주에서 생명체가 스스로 진화하는 것은 필연적인 일이고, 그 생명체가 우리 우주의 창조자로 진화하는 것도 충분히 가능하다.** 따라서 생명체의 진화를 설명하기 위해 오랜 시간이 필요한 진화론은 사실상 빅뱅 이후의 제한된 시간만을 가진 우리 우주보다는 빅뱅 이전에 무한한 시간을 가졌던 에너지 우주에 더 적합한 이론이다. 그렇다면 앞의 추론에 의해서 우리 **우주와 지구의 생명체를 창조한 신의 존재는 에너지우주에서 존재한다**는 추론이 필연성을 가지게 된다."

저자는 열역학 제1법칙(에너지보존법칙)을 적용하여 "만물이 존재하게 된 최초원인은 영원히 존재하는 '우주 에너지 총량'이며, 그 안에 창조의 신이 존재하고 있다"고 주장합니다. 그런데 이런 주장은 에너지보존법칙을 잘못 이해하여 적용한 것으로서 과학적으로 틀린 주장입니다. 왜냐하면, 에너지보존법칙은 "우주에 존재하는 에너지의 총량은 항상 일정하게 보존 된다"는 법칙으로서, 그 총량이 일정하게 보존되기 위해서는 '에너지는 스스로 창조되거나 스스로 소멸되어서는 안 된다'는 사실을 입증하는 물리법칙이기 때문입니다.

　에너지는 피조물이기 때문에 스스로 존재할 수 있는 것이 아닙니다. 에너지의 종류는 변하기 때문에 '영원불변하게 존재하는 에너지'란 해석도 틀린 해석입니다. 열역학 제1법칙은 에너지와 물질을 창조하신 분이 창조주 하나님이심을 입증하는 가장 중요한 과학법칙입니다.

　에너지가 스스로 존재할 수 없음에도 불구하고 존재한다는 사실은 누군가(즉, 창조주)가 만들어서 그 총량이 우주 안에서 일정하게 유지되도록 장치(에너지보존법칙)를 해놨기 때문입니다. 또한 에너지는 피조물이기 때문에 창조주가 원한다면 언제든지 없앨 수 있는 것입니다. 열역학 제1법칙은 에너지와 물질을 창조하신 창조주가 계심을 증거하는 과학법칙이기 때문에 우주에너지가 '최초원인'이 될 수 없음을 뜻합니다.

　저자는 "우주에서 생명체가 스스로 진화하는 것은 필연적인 일이고, 그 생명체가 우리 우주의 창조자로 진화하는 것도 충분히 가능하다"고 주장함으로써 "진화론이 하나님의 기원을 설명하는 이론"이 될 수 있다고 말했습니다. 진화론이 하나님의 기원 또는 존재원리인 만큼, 생명체를 존재하게 하는 진화론은 곧 창조론이라는 논리를 전개합니다. 그러나 저자의 이런 주장들은 과학적으로 신학적으로 납득이 되지 않는 많은 오해와 문제를 일으킵니다.

1부: 마치는 말

성경의 창세기 내용을 주류과학계가 주장하는 진화론과 결코 타협할 수 없는 이유는 하나님의 말씀은 진리이기 때문이고, 진화론은 과학적으로 증명된 사실이 아니기 때문입니다. 창조주 하나님에 대한 올바른 지식으로 성경적 창조신앙의 확신이 없다면, "주는 그리스도시요, 살아 계신 하나님의 아들"임을 고백할 수 없게 됩니다. 다음세대들의 믿음을 지키고 교회를 다시 부흥시키기 위해서는 성경적 창조신앙 회복이 그 어느 때보다 중요한 시대가 되었습니다. 성경적 창조신앙은 하나님께 나아가는 통로입니다. 하나님에 대한 올바른 지식과 성경적 창조신앙의 회복과 확신이 없다면, 우리의 심장은 예수님의 심장으로 온전히 바뀌지 않으며, 세상을 변화시키고 이길 수 있는 강한 주님의 군사가 될 수 없기 때문입니다.

크리스천 지성인들이, 교회에서 다음세대를 가르치는 교사들이, 믿음의 부모들이 성경말씀을 세상 학문과 타협해서 가르치면, 누가 성경의 권위를 지킬 것인가? 누가 한국 교회와 다음세대를 건강하게 세우고 다시 부흥하게 할 것인가? 해답은 멀리 있지 않습니다. 예수 그리스도를 주로 고백하는 모든 기독인들에게 그 해답이 있습니다. 문제는 "무엇을 믿고 전할 것인가?"입니다.

진화론 지식 때문에 신앙적으로 방황하는 젊은이들이 교회를 떠나지 않도록 하기 위해서는 타협이론을 받아들여야 한다는 주장은 일견 그럴듯하게 들립니다. 그러나 이런 주장의 결과는 기독교 교리와 복음의 본질을 심각하게 왜곡시키며, 오히려 다음세대들을 교회로부터 더욱 멀어지게 합니다. 진화론을 받아들여서 몰락한 유럽 교회의 역사가 이를 잘 증명하고 있습니다.

세상에서는 반기독교적이고 비성경적인 기원을 가르친다 하더라도, 다음세대들을 하나님의 자녀로 교육하는 방법은 다니엘서를 보면 알 수 있습니다. 바벨론 포로로 잡혀간 다니엘과 세 친구는 어릴 때부터 여호와 하나님을 경외하는 신앙을 배운 믿음이 굳건한 소년들이었습니다. 그들은 바벨론 왕이 먹는 음식과 포도주를 공급받으면서 3년 동안 하나님을 믿지 않는 바벨론의 학문과 언어를 배웠습니다. 또한 하나님은 네 소년에게 바벨론 학문과 모든 서적을 깨닫고 배울 수 있는 지혜도 주셨습니다(단1:17). 그러나 그들에게는 삶의 원칙이 있었는데, 그것은 '뜻을 정하여' 하나님이 기뻐하시는 삶을 살았다는 것입니다.

다니엘과 세 친구는 영적으로 깨끗했을 뿐만 아니라, 지적으로도 하나님 보시기에 부끄럽지 않은 깨끗함을 지켰습니다. 오늘날 하나님이 없다고 하는 첨단과학 시대에 다음세대들을 위한 교육의 원칙은 하나님의 말씀을 세상 학문과 혼합하지 않고, '뜻을 정하여 오직 성경으로 잘 가르치는 것'입니다. 하나님이 없다 하며 하나님의 말씀인 성경이 틀렸다고 하는 이 시대에 어른들이 해야 할 일은 "우리 자녀들에게 하나님의 말씀을 잘 깨닫고 전할 수 있는 지혜를 주시길" 기도하면서, 인간의 이성과 학문이 아니라 오직 성경 말씀을 어릴 때부터 잘 가르치는 것입니다.

1. 임번삼, 『창조과학 원론』(상), p. 152-269, 한국창조과학회, 2007.

2. 한윤봉, 『3眞 9事: 3가지 진리 & 9가지 사실』, 대장간, 2011.

3. 이웅상외 공저, 『자연과학과 기원』, p. 120-123, 한국창조과학회, 2013.

4. H. Clemme, N. Badham, "Oxygen in the Atmosphere: An Evaluation of the Geological Evidence", Geology 10, March 1982, p. 141.

5. S. W. Fox, K. Harada, G. Kramptiz, G. Mueller, "Chemical Origin of Cells", Chem. Eng. News, June 22, 1970, p. 80.

6. William Bateson(1861~1926): 영국의 동물학자 및 유전학자. 미국 존스홉킨스 대학에서 진화론을 연구하였다. 1886년 중앙아프리카 서부의 염호(물이 짠 호수)에서 사는 동물들을 관찰하여 후에 《변이 연구 자료》를 발표하였는데, 이는 다윈의 학설을 비판한 것이었다. 1900년에 연구를 계속하여 《멘델의 유전 법칙과 그 변호》라는 논문에서 멘델의 법칙을 다시 확인하였다. 그의 저서로는 《유전의 문제》 등이 있다.

7. 질량보존법칙: 우주에 존재하는 물질의 상태는 변하지만, 물질의 총량은 일정하게 보존된다는 법칙. 아인슈타인의 특수상대성 이론에 의하면 $E = mc2$, 즉 에너지와 물질은 같기 때문에 열역학 제 1 법칙인 에너지보존법칙으로도 설명될 수 있다.

8. 교과서진화론개정추진회, 『교과서속 진화론 바로잡기』, p. 58-59, 생명의말씀사, 2011.

9. 2015 Nobel Prize in Chemistry: Trio win for work on DNA repair. CBC News. Posted on cbc.ca October 7, 2015, accessed October 28, 2015.

10. William Dejong and Hans Degens, "The Evolutionary Dynamics of Digital and Nucleotide Codes: A Mutation Protection Perspective," The Open Evolution Journal, 511(1), 1-4, 2011.

11. 창조과학교육원 교재편집위원회, 『창세기로 돌아가기』, p. 149, 한국창조과학회, 2010.

12. R.W. Carter, J. C. Sanford, "A new look at an old virus: patterns of mutation accumulation in the human H1N1 influenza virus since 1918", Theor Biol Med Model, Oct 12, 2012. DOI: 10.1186/1742-4682-9-42.

13. Schützenberger, M., Algorithms and the neo-Darwinian theory of evolution; in: Moorehead, P.S. and Kaplan, M.M. (Eds.), Mathematical Challenge to the Neodarwinian Theory of Evolution, Wistar Institute Symposium, Philadelphia, PA, p. 73, 1967.

14. R. Lewin, "Evolutionary theory under fire", Science, Vol. 210, Issue 4472, 883-887, 1980.

15. R. Lewin, "A downward slope to greater diversity", Science, Vol. 217 Issue 4566, 1239-40. 1982.

16. 박춘호, 김경태, "정크 DNA는 정말로 쓸모없을까?: 유사유전자를 통하여 본 정크 DNA의 놀라운 기능들", 한국창조과학회 학술대회 (2009. 10. 10.)

17. Benjamin Lewin, Genes IX (Sudbury: Jones and Bartlett Publisher - 2008), 108-109.

18. The Encode Project Consortium, "Identification and analysis of functional elements in 1% of the human genome by the ENCODE pilot project," Nature 447, 799-816, 2007. DOI:10.1038/nature05874.

19. R. Sasidharan, M. Gersein, "Genomics: protein fossils live on as RNA", Nature 453, 729-731, 2008.

20. Y. Kawamura et al., "Drosophila endogenous small RNAs bind to Argonaute 2 in somatic cells," Nature 453, 793-797. 2008.

21. K. Okamura, W. J. Chung, J. G. Ruby, H. Guo, D. P. Bartel, E. C. Lai, "The Drosophila hairpin RNA pathway generates endogenous short interfering RNAs," Nature 453, 803-806, 2008.

22. A. Moleirinho et al. "Evolutionary Constraints in the β-Globin Cluster: The Signature of Purifying Selection at the δ-Globin (HBD) Locus and its Role in Developmental Gene Regulation", Genome Biology and Evolution. 5 (3), 559–571 (2013). Also see ICR News, 2013. 4. 12. (http://www.icr.org/article/7405/)

23. 사이언스온, "정크 DNA의 퇴장, 생명 연구의 확장", 2012. 09. 14. (http://scienceon.hani.co.kr/55965)

24. TIME, Junk DNA - Not So Useless After All. "Researchers report on a new revelation about the human genome: it's full of active, functioning DNA, and it's a lot more complex than we ever thought", By Alice Park, Sept. 06, 2012. (http://healthland.time.com/2012/09/06/junk-dna-not-so-useless-after-all/)

25. World Magazine, "Admission of function – Junking slurs about junk DNA", 2016.07.09. (https://world.wng.org/2016/06/admission_of_function)

26. Prüfer, K. et al., "The bonobo genome compared with the chimpanzee and human genomes," Nature 486(7404), 527-531, 2012 Jun 28. doi: 10.1038/nature11128.

27. Roy J. Britten, 'Divergence between samples of chimpanzee and human DNA sequences is 5% counting indels.' PNAS 99(21), 13633-13635, 2002.

28. Tatsuya Anzai et al., "Comparative sequencing of human and chimpanzee MHC class I regions unveils insertions/deletions as the major path to genomic divergence", PNAS 100 (13), 7708-7713, 2003. "However, and importantly, this 98.6% sequence identity drops to only 86.7% taking into account the multiple insertions/deletions (indels) dispersed throughout the region."

29. Asao Fujiyama et al., "Construction and Analysis of a Human-Chimpanzee Comparative Clone Map", Science 295, Issue 5552, 131-134 (2002). DOI: 10.1126/science.1065199.

30. David DeWitt, "Greater than 98% Chimp/human DNA similarity? Not any more." Journal of Creation 17(1), 8-10, 2003.

31. 교과서진화론개정추진회, 『교과서속 진화론 바로잡기』, p. 71 생명의말씀사, 2011.

32. ibid, p.73.

33. Peter Dodson, International Archaeopteryx Conference, Journal of Vertebrate Paleontology 5(2): 177-179, June 1985.

34. Virginia Morell, "Archaeopteryx: Early Biord Catches a Can of Worms," Science 259, 764-765, 1993.

35. Ricardo N. Melchor, Silvina de Valais, Jorge F. Genise, "Bird-like fossil footprints from the Late Triassic", Nature 417, 936-938, 2002.

36. http://creation.kr/Circulation/?idx=1294863&bmode=view

37. Michael Ruse, "Commentary: Is There a Limit to Our Knowledge of Evolution?", BioScience, 34 (2), 100-104, 1984.

38. Steven M. Stanley, The New Evolutionary Timetable: Fossils, Genes, and the Origion of Species, New York: Basic Books, Inc. p. 40, 1981.

39. 이재만, 『타협의 거센 바람』, p. 36, 두란노, 2017.

40. ibid, p. 40.

41. 이재만, 『노아홍수 콘서트』, p. 67-106, 두란노, 2009.

42. Gunter Faure, Principles of Isotope Geology, p. 382-389, John Wiley & Sons, Inc., 1986.

43. John Baumgardner, Radioisotopes and The Age of The Earth, Vol. II, Institute for Creation Research and Creation Research Society, p. 951-954, 2005.

44. 이재만, 『타협의 거센 바람』, p. 47, 두란노, 2017.

45. ibid. p. 46.

46. A. Baksi, "Search for periodicity in global events in the geologic record: Quo Vadimus?", Geology 18, 985, 1990.

47. M. R. Ackerson, B. O. Mysen, N. D. Tailby, E. B. Watson, "Low-temperature crystallization of granites and the implications for crustal magmatism," Nature 559 (7712), 94-97, 2018. See also: Carnegie Institution for Science. 2018. Yosemite granite 'tells a different story' story about Earth's geologic history. Science Daily. Posted on sciencedaily.com June 27, 2018, accessed August 10, 2018.

48. R. B. Hayes, "Some Mathematical and Geophysical Considerations in Radioisotope Dating Applications," Nuclear Technology. 197, 209-218, 2017.

49. 박재원, "지구 연대 측정에 있어서 등시선 연대측정법의 한계와 모순에 대한 연구", http://creation.kr/IsotopeClock/?idx=1289235&bmode=view.

50. M. R. Ackerson, B. O. Mysen, N. D. Tailby, E. B. Watson,

"Low-temperature crystallization of granites and the implications for crustal magmatism", Nature 559 (7712): 94-97. 2018.

51. Carnegie Institution for Science. "Yosemite granite 'tells a different story' story about Earth's geologic history", ScienceDaily. Posted on sciencedaily.com June 27, 2018.

52. R. B. Hayes, "Some Mathematical and Geophysical Considerations in Radioisotope Dating Applications." Nuclear Technology 197, 209-218, 2017.

53. 박재원(핵공학 박사), "동위원소 연대측정과 성경적 지구 연대", 제주도 목회자 및 교회리더십 초청 창조과학 세미나, 2018. 10. 18.

54. Mary H. Schweitzer et al., "Analyses of Soft Tissue from Tyrannosaurus rex Suggest the Presence of Protein," Science 316 (5822), 277-280, 2007. DOI: 10.1126/ science.1138709. (동영상 자료: https://www.youtube.com/ watch?v=EwHA4km7vow)

55. BBC News, Amazing find of dinosaur 'mummy', Monday, 3 December 2007. http://news.bbc.co.uk/2/hi/science/ nature/7124969.stm.

56. Robert R. Reisz et al., "Embryology of Early Jurassic dinosaur from China with evidence of preserved organic remains", Nature 496, 210-214, 2013.

57. W. Stinnesbeck et al., "A Lower Cretaceous ichthyosaur graveyard in deep marine slope channel deposits at Torres

del Paine National Park, southern Chile", Geological Society of America Bulletin, 2014; DOI: 10.1130/B30964.1

58. Science Daily, "One of the world's most significant finds of marine reptile fossils from Cretaceous period", June 4, 2014. https://www.sciencedaily.com/releases/2014/06/140604093323.htm

59. S. Bertazzo, Susannah C. R. Maidment, C. Kallepitis, S. Fearn, Molly M. Stevens, Hai-nan Xie, "Fibres and cellular structures preserved in 75-million-year-old dinosaur specimens", Nature Communications 6, Article number: 7352, 2015.

60. Robert F. Service, "Signs of ancient cells and proteins found in dinosaur fossils", Science, Jun. 9, 2015.

61. "How can you want more than that?" Richard Dawkins and Bill Moyers. U-tube (동영상: https://www.youtube.com/watch?v=K66inQVa5Vk)

62. 양승훈, 『창조와 격변』, 예영커뮤니케이션, 2013.

63. J. Oard, "The Missoula Flood Controversy and the Genesis Flood," Creation Research Society Books, Chino Valley, AZ, 2004.

64. R. G. Shepherd, "Incised River Meander: Evolution in Simulated Bedrock," Science 178, 409~411, 1972.

65. J. Schieber, J. Southard, K. Thaisen, "Accretion of Mudstone Beds from Migrating Floccule Ripples", Science 318 (5857),

1760-1753, 2007.

66. J. Schieber et al., "Experimental Deposition of Carbonate Mud from Moving Suspensions: Importance of Flocculation and Implications for Modern and Ancient Carbonate Mud Deposition", J. Sedimentary Research 83(11), 1025-1031, 2013.

67. http://www.sedimentology.fr/

68. F.Y. Julien and L.Y., Berthault G., "Experiments on Stratification of Heterogeneous Sand Mixtures", Bulletin de la Société Géologique de France, Vol. 164. No. 5, 649-660, 1993,

69. H. A. Makse et al., "Spontaneous stratification in granular mixtures", Nature 386(6623), 379-382, 1997.

70. 우종학, 『무신론 기자, 크리스천 과학자에게 따지다』, IVP, 2014.

71. 우종학, 『과학시대의 도전과 기독교의 응답』, p. 108-113, 새물결플러스, 2017.

72. 김진수, 『아담은 역사적 인물이 아닌가』 (수원: 합신대학출판부, 2018), 66-79.

73. https://answersingenesis.org/astronomy/earth/does-bible-

teach-earth-flat/; https://answersingenesis.org/astronomy/
earth/contradictions-hanging-on-pillars-of-nothing/;
https://www.icr.org/article/circle-earth/ (2019년 5월 14일
접속)

74. 우병훈, "개혁신학에서 본 진화 창조론: 우종학, 『무신론 기자, 크
    리스천 과학자에게 따지다』를 중심으로", 개혁논총, 제41권, 9-46
    (2017).

75. 우종학, 『과학시대의 도전과 기독교의 응답』, p. 72-73, 새물결플
    러스, 2017.

76. ibid, p. 194.

77. 우병훈, "개혁신학 관점으로 평가한 진화창조론: 우종학, 『과학시
    대의 도전과 기독교의 응답』을 중심으로", 한국개혁신학, 제60권,
    145-208 (2018).

78. 허정윤, 『과학과 신의 전쟁』, p. 249-491, 메노라, 2017

79. 허정윤, "성경은 과학책이 아닌데 어째서 '창조과학'인가?", 2017
    년 10월 17일, 크리스천투데이.

80. 허정윤, 『과학과 신의 전쟁』, p. 268-269, 273-274, 메노라,
    2017.

81. 허정윤, "하나님은 무엇을 창조하셨을까?(2)", 2018년 10월 3일,
    크리스천투데이.

성경적
창조론이
    답이다

2부

유신진화론에 대한
철학적, 신학적 비평

김병훈 교수

1) 유신진화론인가 '진화적 창조론'인가?

이 글에서 다루는 '유신진화론'은 '진화론적 창조론' 또는 '완전한 능력을 갖춘 창조'라는 말로 표현되기도 합니다. '진화적 창조론'이라는 표현은 최근에 일부 유신진화론자들이 자신들의 견해를 밝히기 위하여 즐겨 사용하는 표현이기도 합니다. 왜 유신진화론보다 진화적 창조론이라는 표현을 더 좋아할까요? 추측하건데 창조론을 거부하는 것이 아니라는 인상을 주고자 하는 바램 때문일 듯합니다. 유신진화론이라고 하면 창조가 아니라 진화를 주장한다는 인상이 먼저 다가와서 자신들의 주장에 대해 전통적인 기독교인들이 거부감을 가질 것이라는 염려를 하는 듯합니다.

그런데 어느 말로 표현을 해도 내용에는 차이가 없습니다. 유신진화론을 진화적 창조론으로 바꾸어 부른다고 하여도 진화론을 옳다고 하는 주장에는 변화가 없습니다. 그러니까 진화적 창조론이라는 말은 진화를 거부하고 창조를 인정하는 이론이 아닙니다. 창조를 진화로 바꾸어, 진화가 곧 창조라는 주장을 할 따름입니다.

그래서 사실 유신진화론을 주장하는 사람들 가운데 어떤 이들은 오히려 진화적 창조론이라는 표현을 사용하기를 좋아하지 않습니다. 솔직하게 말해서 진화적 창조론이라는 표현으로 '창조'라는 표현을 사용해도, 그 '창조'는 진화일 뿐, 전통적인 신학이 말하는 '창조'와는 다른 개념인 것을 인정하고, 그렇기 때문에 진화적 창조론이라는 말은 오히려 혼동을 일으킨다는 생각 때문입니다. 예를 들어, 현대의 가장 대표적인 유신진화론자인 프란시스 콜린스(Francis Collins)는 유신진화론에 창조라는 말을 연결하는 것은 오히려 유신진화론이 주장하는 바를 호도할 우려가 있다고 말합니다. 왜냐하면 전통적인 창조론에서 창조란 '하나님이 직접적으로 창조'하셨음을 말하는 것인 반면에, 유신진화론이나 진화적 창조론은 '하나님이 물질을 창조하셨고, 그 물질이 자체에 담긴 속성에 따라서 생명체를 낳았다'는 전혀 다른 주장을 하기 때문입니다. 말하자면 진화적 창조론은 생명의 직접적인 창조가 하나님이 아니라 물질에 의한 것이라는 주장을 합니다. 그렇기 때문에 진화론적 창조가 말하는 '창조'는 본래의 전통적인 '창조'의 개념과 의미가 전혀 다르다는 것이 분명합니다. 이러한 점들을 고려하여 이 글에서는 진화적 창조론보다 유신진화론이라는 표현을 사용합니다.

2) 유신진화론이란?

유신진화론의 견해는 크게 두 가지로 설명할 수 있습니다. 이 두 가지는 약간의 차이가 있습니다만, 전통적인 창조론과는 달리 진화를 창조의 방식으로 인정한다는 점에서 동일합니다. 하나는 하나님께서 생물을 진화의 방식으로 창조하시되, 특정한 단계에 있어서는 초자연적 개입을 하셨다는 견해입니다. 다른 하나는 생물을 창조할 시작부터 오로지 진화의 방식만으로 생물을 만드셨다는 견해입니다. 본래 유신진화론이라고 하면 이 두 가지 견해 가운데 처음 것이었습니다. 진화론을 인정하되, 하나님의 초자연적 개입을 완전히 부인하지는 않는 견해입니다. 이것이 고전적인 유신진화론입니다. 그런데 최근에는 하나님의 초자연적 개입을 완전히 부인하고, 전적으로 진화론의 방식으로만 생물의 창조가 이루어졌다는 후자의 견해가 유신진화론의 대표적인 형태로 주장되고 있습니다. 후자에 따르면, 물질에서 생물이 나타날 때, 또 단순한 생물에서 사람이 나타날 때, 하나님이 개입하셨다고 말한다면, 이것은 과학적으로 불완전한 견해로 치부됩니다.

유신진화론에 대한 다음과 같은 정의들은 이러한 차이를 잘 보여줍니다. 먼저 앞서 말한 고전적인 유신진화론과 관련하여 개혁신학자 벌코프(Louis Berkhof)는 다음과 같이 정의를 내립니다.

[유신진화론은] 우주의 배후에 존재하는 하나님을 설정하고, 그 하나님이 우주 안에서 대체로 불변하는 자연법칙과 물리력만으로 활동을 하시며, 특별한 경우에, 예를 들어, 절대적인 창조라든가, 생명의 시작, 그리고 이성적이며 도덕적인 존재의 시작의 경우에, 직접적으로 기적적인 개입을 하신다. (*Systematic Theology* (Edinburgh, UK: The Banner of Truth Trust, 1988, 1ˢᵗ ed. 1939), p. 139.)

유신진화론에 대한 벌코프의 정의에 따르면, 유신진화론은 하나님의 초자연적 창조의 사역을 인정합니다. 하나님께서는 우주 자체가 시작되는 절대적인 창조, 그리고 물질에서 생명체가 시작되는 순간, 그 후에 인간이 시작되는 특별한 순간에 초자연적으로 직접 개입하십니다. 그러나 사람이외에 다른 모든 생명체들은 하나님께서 직접 개입하여 창조한 것들이 아닙니다. 예를 들어 하나님께서 직접 개입하여 물질에서 생명체를 만드신 후에, 이 생명체가 자연적인 진화의 방식을 통해서 인간 이외의 다른 모든 생명체들로 분화되어 현재의 생물군을 이루었다고 주장을 합니다. 이런 종류의 유신진화론은 천체물리학적으로나 지질학적으로는 진화론을 받아들이면서 생물학적 측면에서는 생명의 출현, 인간의 출현에 있어 하나님의 기적적 개입이 필요하다는 것을 인정합니다. 참고로 벌코프의 정의를 인용한 것은 그가 유신진화론자이기 때문이 아닙니다. 벌코프는 20세기 전반에 살았던 네덜란드 출신의 미국의 중요한 개혁신학자입니다.

또 다른 유형의 현대 유신진화론은 하나님이 생명체란 전혀 없이 오직 물질뿐인 우주를 만드셨다고 주장합니다. 이 견해에 따르면 우주 안에 생명체가 나타난 것은 하나님의 개입에 의한 것이 아니라 오직 자연 안에서 진화의 방식을 통해서 나타났을 뿐입니다. 이처럼 전적으로 진화의 방식으로만 생명체가 나타났다고 주장하는 현대 유신진화론을 주장하기 위하여, 반 틸(Howard J. Van Till)은 '완전한 능력을 갖춘 창조'라는 개념을 제시합니다. 그는 다음과 같이 말합니다.

> [우주는] 하나님의 끝없는 너그러움과 측량할 길 없는 창조성에 의하여, 끊어지지 않는 진화의 발전처럼 사람이 파악할 수 없는 어떤 것이 가능하도록 하는 데에 필요한 자기-조직화와 변형의 모든 능력이 주어진 하나의 창조물이다. (Howard J. Van Till, "the Fully Gifted Creation," in J. P. Moreland and John Mark Reynolds, *Three Views on Creation and Evolution: Young Earth Creationism, Old Earth (Progressive Creationism)*, Theistic Evolution, p. 173)

반 틸의 정의는 압축되어 있어 언뜻 이해가 어렵게 여겨집니다만, 반 틸의 설명이 말하고자 하는 바는 하나님께서 만드신 우주는 애초부터 진화의 방식으로 스스로 조직하고 변형을 하는 능력을 갖추었다는 것입니다. 쉽게 말해서 하나님께서는 스스로 생명체를 만들어 낼 완전한 능력을 갖춘 우주를 창조하셨고, 우주는 생명체를 만들어 냈다는 주장입니다. 이러한 능력에 따라 진화의 방식에 의하여 나타나는 우주의 자기-조직화와 변형은 사람이 파악할 수 있는 범위를 넘어섭니다. 그것은 적어도 현재 사람의 이해 수준을 초월하는 신비한 것이라고 말합니다. 이를테면 생명체의 등장은 사람에게는 여전히 미지의 영역입니다.

이외에 라무르(Denis O. Lamoureux)가 설명하는 정의도 참조할 만합니다.

> 진화론적 창조에 따르면, 하나님은 진화의 과정을 통하여 우주와 생명을 창조하셨다. 이 진화의 과정은 하나님의 명령으로 정해졌으며, 보존되어 있고, 설계를 반영한다. ... [진화론적 창조]는 창조주가 목적론적 진화를 포함하는 자연법칙을 세우고 유지를 한다. (Denis O. Lamoureux, *I Love Jesus & I Accept Evolution* (Eugene, Oregon: Wipf & Stock, 2009, p. 26)

라무르의 주장에 따르면, 하나님은 태초에 우주를 창조하시면서 우주가 진화의 과정에 따라 작용하게끔 하셨습니다. 그리고 이 진화의 과정은 우주 안에 명령으로 주어졌고, 보존되어 있으며, 하나님께서 창조하시는 설계를 반영합니다.

반 틸과 라무르와 같은 현대 유신진화론자의 설명은 현대 유신진화론이 다음 세 가지를 주장하고 있음을 보여줍니다. 하나는 하나님이 창조하신 것은 생명체가 존재하지 않는 물질세계뿐이며, 다른 하나는 물질세계는 그 물질세계 안에 있는 순전히 자연적인 진

화의 방식을 통해 생명체를 낳았고, 마지막 하나는 하나님께서는
물질세계를 창조하신 이후에 진화의 과정에 따른 생명체의 출현에
결코 직접적으로 개입하지 않으신다는 것입니다.

이와 같은 '진화적 창조'(evolutionary creation) 또는 '완전한 능
력을 갖춘 창조'(fully gifted creation)를 주장하는 현대 유신진화론
은 앞서 말한 고전적인 유신진화론이 진화를 통하여 생물이 출현하
는 과정에 대한 과학적 이해가 철저하지 못하다고 비판합니다. 이
주장에 따르면, 고전 유신진화론처럼 생물의 출현을 설명하는 일
에 하나님의 초자연적 활동을 끌어오는 것은, 현재 과학이 물질에
서 생명이 나오는 과정을 설득력 있게 설명하지 못하고 있는 빈틈
을 메우기 위한 일종의 미봉책에 불과합니다. 현대 유신진화론자는
과학이 언젠가 생명의 출현을 진화론적으로 풀어낼 것이라고 믿습
니다. 그리고 아직은 진화론적인 설명이 완전하지 못할 따름이라고
믿습니다. 그 믿음은 또한 하나님의 창조란 생명체를 진화의 방식
으로 만들어 낼 우주를 만드신 것이고, 생명체의 직접적인 창조주
가 아니라는 믿음이 자리하고 있습니다.

3) 두 가지 비유: 마술사의 비둘기, 화가의 물감

현대 유신진화론을 지지하는 사람들은 전통적인 창조론 신앙 때문
에 진화론을 반대하고, 그렇기 때문에 유신진화론을 또한 반대하는

것은 정당하지 않다고 주장합니다. 그러한 반대는 마치 창조와 진화가 서로 상반된 것으로 오해하고 있기 때문이라고 말합니다. 생명체가 창조된 것이면 진화된 것이 아니고, 반대로 진화되었다면 창조된 것은 아니라는 생각은 창조와 진화가 양립될 수 없다는 이분법적 사고에서 비롯된 것이라고 주장합니다. 이러한 전통적인 사고는 진화가 창조의 방식일 수 있다는 것을 고려하지 못한 것이라고 비판합니다. 현대 유신진화론자들은 말하기를, 전통적인 창조에 대한 이해는 하나님께서 생명체를 직접 창조하셨다고 믿는 것이고, 반면에 유신진화론의 이해는 하나님께서 물질세계를 통해서 생명체를 간접 창조하셨다고 믿는 것이라고 주장합니다.

이를테면 서울대 물리천문학부 교수인 우종학은 유신진화론자의 주장을 활발하게 소개합니다. 그것이 본인의 견해라고 이해하지만, 어떤 이유에서인지 본인은 스스로 유신진화론자라고는 분명하게 밝히지 않습니다. 우종학은 그가 쓴 한 책에서 마술사의 비유를 들어 전통적인 창조론을 비판합니다. 그는 말하기를 창조가 진화와 대립한다는 전통적인 이해는 "마술사가 마술을 부리듯 신도 그런 방식으로 인간을 창조했을 거라고 상상"을 해왔던 탓이라고 합니다. 이러한 상상은, 마치 마술사가 아무 것도 담고 있지 않은 텅 빈 모자 안에서 비둘기를 '펑' 하고 만들어내는 쇼를 보이는 것처럼, 하나님께서도 그런 식으로 우리가 아는 여러 종류의 생명체들을 만드셨다고 믿게 한다는 것입니다. 이러한 상상에 묶이게 되면 하나님의 창조 방식을 "너무나 제한된 관점으로" 이해하게 되어, 하나님께서 "자연 선택과 같은 진화의 방식으로 사용하여 인간을 창조하지 말아야 할 이유"가 없다는 사실을 인정하지 못하게 된다고 말합니다.(우종학, 『무신론 기자, 크리스천 과학자에게 따지다』, p. 66)

이분의 말을 어떻게 평가해야 할까요? 우선 이분은 전통적인 하나님의 직접 창조라는 믿음을 마술사의 퍼포먼스를 연상케 하는 '상상'에 불과하다고 평가절하합니다. 그러나 이러한 인색한 평가는 자연선택에 의한 진화의 방식으로 만물이 나타났다는 것이 참일 경우에만 정당성을 갖습니다. 진화론이 옳지 않다면 하나님의 직접적인 창조를 마치 마술에 빗대어 제한적인 관점으로 보는 것이라는 우종학의 평가는 잘못된 것입니다. 왜 전통적인 창조론을 믿는 사람들이 '마술사의 쇼' 같은 – 이것이 적절한 비유인지 모르겠습니다만 – 직접 창조를 믿는 것일까요? 바로 성경의 교훈 때문입니다. 전통적인 창조론자들은 성경이 하나님께서는 만물을 직접 창조하셨음을 교훈한다고 믿습니다.

'마술사의 쇼'에 빗대는 우종학의 비유는 하나님의 직접 창조의 믿음을 마술사의 속임수에 속아 넘어가는 어리석음에 빗대는 것과 같은 묘한 느낌을 전달합니다. 직접 창조론이 말하는 하나님은 마술사이며, 직접 창조론을 믿는 믿음은 곧 마술의 속임수에 속는 어리석음과 같다는 식의 인상을 주기 때문입니다. 그러나 기억해야 합니다. 창조에 대한 전통적인 견해를 고백해 온 교회는 마술사의 속임수를 연상케 하는 해석에 속은 자들이 아닙니다.

흥미롭게도 마술사의 비유는 다른 각도에서 보면 오히려 유신 진화론을 더 잘 설명합니다. 마술사가 빈 모자 안에서 비둘기를 만들어 낼 때, 모든 청중들은 이미 비둘기를 감추어 두었다가 내놓는 것인 줄을 압니다. 유신진화론에 따르면 자연 속에는 이미 생물이 나타나기 위해 필요한 모든 것이 감추어져 있습니다. 자연 스스로 우연한 결과로 생물을 만들어낸다고 주장하기 때문입니다. 그렇다면 자연은 비둘기를 감추었다가 내보이는 마술사와 같은 것이 됩니다. 마술사가 빈 모자에서 비둘기를 나타내 보이는 놀라운 솜씨는 바로 유신진화론자들이 말하는 바대로 자연 안에 들어 있다고 하는 진화라는 방식이 될 것입니다.

결국 무엇일까요? 마술사 비유는 전통적인 성경적 창조론보다 오히려 유신진화론을 잘 보여줍니다. 유신진화론이 말하는 바에 따라, 자연은 자연의 작용원리 속에 비둘기를 숨겨두고 있습니다. - 사실은 무엇을 숨겨두고 있는지 마술사 자신도 모르지만 말입니다. 그리고 아주 오랜 시간에 걸쳐서 우연한 조합에 의하여 비둘기를 만들어냅니다. 유신진화론에 빗대면, 마술사는 자연입니다. 반면에 성경적 창조론에 따르면, 마술사는 하나님이시고, 그 마술사는 아무 것도 없는 빈 모자에서 비둘기를 정말로 창조합니다. 전통적인 창조론은 이것이 성경이 가르치는 창조라고 믿습니다.

유신진화론자가 말하는 또 다른 비유를 들어보겠습니다. 알렉산더(Denis Alexander)라는 유신진화론자는 유신진화론을 지지하기 위하여 화가와 물감의 비유를 제시합니다.(Denis Alexander, *Creation or Evolution: Do We Have to Choose?*, 2nd ed. (Oxford: Monarch, 2014, 436; J. P. Moreland et al, eds. *Theistic Evolution*, vol. 2, (Wheaton, IL: Crossway, 2017), 833에서 인용) 비유는 이러합니다. 만일 어느 화가를 찾아가서 그가 사용하는 물감들을 보고서 그 화가에게 정말 쓸모없는 잘못된 물감들을 선택하였다고 말한다면 얼마나 그 말이 화가를 모욕하는 것이 되겠는지를 상상해보라고 말합니다. 왜냐하면 화가는 얼마든지 물감을 선택하여 원하는 그림을 그릴 수 있으며, 그림이 완성되었을 때에, 그 그림에 사용된 물감은 그것이 무엇이든지 결코 화가의 영광을 가리지 않기 때문입니다. 그러므로 화가가 아무리 좋은 물감을 사용한다고 하더라도 그 물감은 화가의 영광을 빼앗을 수 없으며, 이와 마찬가지로 물질이 창조의 능력을 가지고 있다고 하더라도, 물질이 하나님의 영광을 빼앗을 수 없다고 주장합니다.(Alexander, *Creation or Evolution: Do We Have to Choose?*, 2nd ed. (Oxford: Monarch, 2014), 436)

그러나 이 비유는 유신진화론을 지지하지 않습니다. 화가와 물감의 관계가 유신진화론이 말하는 바를 반영하지 않기 때문입니다. 유신진화론은 하나님이 아니라 자연이 생명체를 만든다고 주장합니다. 그러니까 비유가 유신진화론을 반영하는 것이 되려면, 화가가 아니라 물감이 작품을 만든다고 하여야 합니다. 왜냐하면 물질에게 창조의 능력이 있다고 주장하는 유신진화론은 화가가 없어도 물감이 스스로 작품을 만들었다고 말하며, 이것이 화가를 영광스럽게 한다고 주장하기 때문입니다. 그런데 앞서 말한 알렉산더의 비유는 화가가 물감을 사용하여 작품을 만든다고 말하고 있습니다. 이 비유는 유신진화론보다는 오히려 전통적 창조론을 반영합니다. 물감이 아니라 화가의 능력에 초점을 두고 있기 때문입니다.

유신진화론을 반영하여 화가의 손길이 없어도 물감이 스스로 작품을 만든다면, 경이로운 대상은 화가가 아니라 물감이 됩니다. 그럼에도 유신진화론은 물감이 아니라 화가가 찬양을 받는다고 주장합니다. 하지만 유신진화론의 기대와는 다르게, 만일 물질이 하나님의 직접적인 개입이 없이 스스로 생명을 만들어 낸다면 찬양을 받을 대상은 하나님이 아니라 물질이 됩니다. 그러한 경우에 물질을 넘어서 작용하는 물질보다 큰 하나님의 손길에 대한 증거는 어디에도 없기 때문입니다.

이러한 유신진화론은 모든 피조물들 가운데서 하나님의 창조의 지혜의 증거를 본다는 성경의 찬양과 전혀 다른 것을 말합니다.

"여호와여 주께서 하신 일이 어찌 그리 많은지요 주께서 지혜로 그들을 다 지으셨으니 주께서 지으신 것들이 땅에 가득하니이다 거기에는 크고 넓은 바다가 있고 그 속에는 생물 곧 크고 작은 동물들이 무수하니이다." (시 104:24-25)

"주의 손가락으로 만드신 주의 하늘과 주께서 베풀어 두신 달과 별들을 내가 보오니 ... 주의 손으로 만드신 것을 다스리게 하시고 만물을 그의 발 아래 두셨으니 곧 모든 소와 양과 들짐승이며 공중의 새와 바다의 물고기와 바닷길에 다니는 것이니이다 여호와 우리 주여 주의 이름이 온 땅에 어찌 그리 아름다운지요." (시 8:3, 6-9)

성경은 피조물을 보면서 하나님의 지혜와 권능을 찬양하는 것에 대하여 이유를 무엇이라고 합니까? 그것은 만물이 "주께서 하신 일"이요, "주께서 지혜로 그들을 다 지으셨으며" 또한 "주의 손가락으로 만드신 것"들이며, 또한 그것들 모두 하나님이 직접 지으셨다는 성경의 교훈 때문입니다. 이 말씀들은 우주를 만드시고 우주가 만물을 만드는 간접 창조를 찬양하는 것이 아닙니다. 이 말씀은 우주로 하여금 오랜 장구한 세월을 걸쳐서 스스로 만물을 만들게 하신 주님의 솜씨를 찬양하는 것이라고 해석될 수 없습니다. 그것이 아니라, 주께서 만물을 다 지으셨으며 또한 손가락으로, 손으로 만드신 것을 찬양하는 것을 뜻합니다. 직접 창조하신 능력과 솜씨를 찬양하는 말씀입니다. 성경이 말하는 창조는 하나님께서 마술사같이 빈 모자에서 정말로 비둘기를 내놓듯이 세상과 그 안에 있는 모든 것들을 만드셨음을 말하며, 또한 작품을 만드는 것이 물감이 아니라 바로 화가 자신이듯이 자연이 아니라 하나님께서 세상과 그 안에 있는 모든 것들을 만드셨음을 말합니다.

4) 무에서의 창조 (Creatio ex nihilo)

교회는 지금까지 비유와 관련하여 말씀드린 성경적 창조론을 '무에서의 창조'(*creatio ex nihilo*)라는 용어로 설명해 왔습니다. '무에서의 창조'의 개념은 유신진화론과 성경의 창조론이 어떻게 다른지를 잘 드러냅니다. '무에서의 창조'로 표현되는 하나님의 창조는 우선적으로 창세기 1장 1절("태초에 하나님이 천지를 창조하시니라")과 히브리서 11장 3절("믿음으로 모든 세계가 하나님의 말씀으로 지어진 줄을 우리가 아나니 보이는 것은 나타난 것으로 말미암아 된 것이 아니니라.")에서 보듯이, 아무 것도 없는 상태에서 명령을 발하시므로 존재하지 않았던 것이 존재하게 되는 창조를 말합니다.

그런데 하나님께서는 사람을 창조하실 때 창세기 2장 7절 "여호와 하나님이 땅의 흙으로 사람을 지으시고 생기를 그 코에 불어넣으시니 사람이 생령이 되니라"는 말씀에서 보듯이 흙을 사용하시는 것을 볼 수 있습니다. 이처럼 창조하여 이미 존재하는 물질을 사용하여 아직 존재하지 않는 다른 무엇을 창조하시기도 합니다. 이러한 경우도 '무에서의 창조'라고 할 수 있나요? 그렇습니다. 왜냐하면 '무에서의'라는 말은 '재료를 사용하지 않고'라는 의미가 아니라, 하나님의 창조로 존재하는 것은 다른 어떤 질료에서 만들어질 수 없다는 것을 반영하는 말입니다. 곧 창조는 하나님의 자유로우신 행위이며 어떤 질료의 결과가 아니라는 것을 뜻합니다. 이러한 사실을 반영하여 신학자들은 하나님 이외에 어떤 것도 존재하지 않는 상태에서 무엇인가를 존재하도록 창조하시는 것과 이미 창조하신 것을 사용하여 창조하시는 것을 구별합니다. 그들은 전자를 가리켜 '첫 번째 창조'(creatio prima), 후자를 가리켜 '두 번째 창조'(creatio secunda)라고 일컫습니다. 또는 하나님께서 창조하실 때 사용하신 어떤 질료도 없었음을 뜻하면서 첫 번째 창조를 '비매개적 창조'(creatio immediata)라고 하며, 창조하실 때 사용하는 질료가 있었음을 뜻하면서 두 번째 창조를 '매개적 창조'(creatio mediata)라고 부르기도 합니다.

그러니까 '무에서의 창조'라는 표현이 의미하고자 하는 초점은 창조란 이미 앞서 있던 어떤 질료에게서 다른 어떤 것이 나타나게 된 것이 아니라는 점을 분명히 하는 데에 있습니다. 하나님 이외에 다른 어떤 것도 없는 상태에서 하나님께서 기쁘신 뜻대로 자유롭게 행하시어 무엇인가를 존재하도록 하시는 하나님의 행위가 창조임을 뜻합니다. 아울러 하나님께서 이미 존재하는 어떤 질료를 가지고 무엇인가를 만드실 경우라도 그 질료의 속성이나 작용 자체와는 전혀 상관이 없이 하나님의 자유로우신 기쁜 뜻대로 만드시는 행위도 역시 창조임을 함축합니다. 이것은 사람이 무엇을 만든다는 것과 비교해보면 차이점이 확연합니다. 사람은 무엇인가 재료가 없이는 어떤 것도 만들지 못합니다. 그리고 무엇을 만들 경우에라도 사용되는 재료의 속성이나 성질을 이용하여 만듭니다. 하나님의 창조는 이와 다릅니다. 하나님께서는 아무 것도 없는 상태에서 창조하시며, 또한 질료를 사용하시어 창조하실 경우에라도 질료의 성질이나 속성에 의지하지 않으십니다.

교회가 이러한 '무에서의 창조'의 개념으로 부정하는 두 가지 거짓된 창조론이 있습니다. 하나는 '질료로부터의 창조'(*creatio ex materia*)입니다. 이것은 우주가 앞서 존재하는 선행질료에서 나타난 것이라는 주장을 표현합니다. 곧 우주는 선행하는 질료의 성질이나 속성에 의하여, 질료 자체로 인하여 나타난 것이라는 주장입니다. 물질이 선행하는 질료일 경우, 물질이 스스로 영원부터 존재하였다고 주장하면 유물주의가 될 것이며, 오늘날 무신진화론과 비슷합니다. 그런데 선행물질이 하나님의 창조로 인한 것이라고 한다면, 이것은 오늘날 유신진화론이 말하고자 하는 것과 유사합니다. 유신진화론은 하나님이 우주를 창조하셨으나, 우주 안에 담긴 물체들과 생명체들은 우주 스스로 만들었다는 주장을 하기 때문입니다. 반틸이라는 유신진화론자는 앞서 그가 제시한 정의에서 보듯이 이것을 우주의 '자기-조직화'이며 '변형'이라고 합니다. 그러나 교회가 전통적으로 고백한 '무에서의 창조'라는 표현은 이러한 유신진화론의 주장이 성경의 창조론과 어긋난다는 것을 확실하게 교훈합니다.

'무에서의 창조'가 반대하는 다른 하나는 '하나님에게서의 창조'(creatio ex Deo)입니다. 언뜻 보기에는 하나님이 창조주시라는 진리를 바르게 표현하는 것으로 오해할 수 있지만, 이것이 말하고자 하는 바는 만물이 하나님에게서 유출 또는 발생했다는 사상입니다. 우주는 하나님의 파생물이며 하나님과 동일시됩니다. 이것은 범신론이거나 만유재신론이 됩니다. 범신론은 우주만물을 신으로 보는 사상이며, 만유재신론은 신을 만물과 구별하되, 만물이 신을 표현하는 몸이며 신은 만물의 영혼으로 여기는 사상입니다. 교회는 이러한 사상이 거짓된 것임을 '무에서의 창조'로 분명하게 선언해 왔습니다. 이를테면 교회가 처음으로 보편신앙으로 고백한 니케아신경(AD 325)은 다음과 같이 진술합니다. "한 분 하나님이시며, 전능하신 아버지이시며, 하늘과 땅, 보이는 것과 보이지 않는 만물의 창조주를 믿나이다."(Credo in unum Deum, Patrem omnipotentem, Factorem caeli et terae, visibilium et invisibilium)

또한 웨스트민스터 신앙고백서는 4장에서 창조에 대한 고백을 다음과 같이 합니다.

성부, 성자, 성령 하나님께서는 자신의 영원한 능력, 지혜, 그리고 선하심의 영광을 나타내시기 위하여, 태초에, 세상과 그 안에 있는 보이는 것과 보이지 않는 모든 것들을 6일 동안에 창조하시기를, 곧 무로부터 만드시기를 기뻐하셨다. 그리고 그 모든 것이 심히 좋았다. (4장 1절)

웨스트민스터 신앙고백서는 여기서 "… 6일 동안에 창조하시기를, 곧 무로부터 만드시기를 기뻐하셨다"고 진술함으로써 하나님의 창조가 바로 무로부터 만드시는 것임을 분명히 설명합니다. 하나님의 창조는 무에서의 창조인 것입니다. 그리고 이것은 유신진화론을 배격합니다.

5) 우주와 그 안에 있는 만물의 창조주

'무에서의 창조'와 관련한 교회의 가르침을 통하여 밝혀야 할 유신진화론의 오류는 창조란 하나님의 기쁜 뜻에 의한 자유로운 행위라는 사실에만 그치는 것이 아닙니다. 유신진화론은 하나님을 우주의 기원자로 이해한다는 점에서는 무신진화론과 구분됩니다. 그러나 유신진화론은 하나님을 우주를 구성하는 만물들의 창조자로는 인정하지 않습니다. 그것들은 모두 우주 자체가 진화론의 원리에 의하여 발생시킨 것들일 뿐입니다. 하나님은 우주의 기원자이시지만, 우주의 구성물인 만물의 창조주는 아니신 것입니다. 만물의 창조주는 우주라는 것이 유신진화론의 주장입니다.

그러나 위에서 보듯이 웨스트민스터 신앙고백서는 하나님께서 "세상과" "그 안에 있는 보이는 것과 보이지 않는 모든 것들을" "창조하시기를" "곧 무로부터" 만드셨다고 선언합니다. 하나님께서는 우주 자체를 만드셨을 뿐만 아니라, 우주 안에 있는 모든 것들을 창조하신 만물의 창조주이십니다. 이러한 사실은 바로 성경이 창세기 1장에서 가르치는 사실입니다. 성경은 하나님께서 6일 동안에 창조하셨으며, "혼돈하고 공허한" 땅(2절)에 채워지는 구성요소들, 곧 "빛"(3절), 바다(9절), 땅(9절), 식물(11절), 광명체(14절), 동물(24절), 그리고 사람(26절)들이라는 실체들을 창조하셨음을 보여줍니다. 성경은 여러 곳에서 하나님이 우주의 창조주이시며, 또한 우주에 속한 만물의 창조자이심을 말합니다. 두 구절만 대표적으로 열거하면, 시편 90편 2절 "산이 생기기 전, 땅과 세계도 주께서 조성하시기 전 곧 영원부터 영원까지 주는 하나님이시니이다."의 말씀은 하나님이 땅과 세계로 표현되는 우주의 유일하신 창조주이심을 교훈합니다. 그리고 골로새서 1장 16-17절 "만물이 그에게서 창조되되 하늘과 땅에서 보이는 것들과 보이지 않는 것들과 혹은 왕권들이나 주권들이나 통치자들이나 권세들이나 만물이 다 그로 말미암고 그를 위하여 창조되었고, 또한 그가 만물보다 먼저 계시고 만물이 그 안에 함께 섰느니라"는 말씀은 창조주이신 성자 하나님께서 곧 보이는 것과 보이지 않는 만물의 창조주이심을 밝힙니다. 하나님은 단지 구성물이 없이 텅 빈 우주만을 창조하시거나, 아직 내용을 갖추지 못한 초기 우주만을 창조하신 것이 아닙니다. 내용물을 충만히 가지고 있는 우주이며, 이미 완전한 우주를 창조하신 것입니다.

6) 직접 창조하신 하나님

성경의 창조론은 하나님이 '직접적으로' 창조하셨음을 말합니다. 직접 창조는 유신진화론이 반대하는 핵심 개념입니다. 유신진화론은 '하나님이 물질을 창조하셨고, 그 물질이 자체에 담긴 속성에 따라서 생명체를 낳았다'는 주장을 합니다. 곧 하나님께서는 친히 생명체를 직접 창조하신 것이 아니라고 주장합니다. 하나님께서는 생명체를 진화의 방식으로 발전해내는 물질 또는 우주를 창조하셨을 뿐입니다. 그리고 이 우주가 생명체를 만들어냅니다. 하나님은 '간접적인' 창조주이십니다.

그렇지만 교회는 주후 325년에 작성한 초대 니케아 신경에서부터 하나님이 "하늘과 땅, 그리고 보이는 모든 것과 보이지 않는 모든 것들"의 창조주이심을 고백했습니다. 이것은 앞서 살핀 바대로 1646년에 작성된 웨스트민스터 신앙고백서를 통해서 교회가 동일한 것을 고백하고 있음을 살펴보았습니다. 교회가 고백하고 있는 내용은 하나님이 온갖 종류의 식물들과 동물들을 직접 종류대로 창조하셨다는 것입니다. 교회는 하나님이 단지 무생물적인 최초의 물질만을 창조하셨고 생명체들은 순전히 물질의 작용인 진화과정에 의하여 발전해 나왔다는 식의 간접 창조론을 거부해 왔습니다.

　이런 간접 창조론은 비단 현대의 유신진화론에서 처음 나타난 것이 아닙니다. 유신진화론과 같은 간접 창조론은 교회사 속에서 지속적으로 나타났습니다. 예를 들어, 오리게네스(Origenes, A.D. 185-254)는 당대의 그리스 철학자 켈수스(Celsus)를 비판하며 자신의 책 『켈수스 비판』(*Against Celsus*)에서 다음과 같이 쓰고 있습니다.

> 켈수스로 하여금 말해 보게 하라 … 우연히 원자들이 일치를 이루어 다양한 특성들을 탄생시켰고 그 결과 많은 종류의 식물들, 나무들, 그리고 풀들이 서로 비슷하게 닮은 것은 우연한 덕분이며, [만물을] 배정하는 이성(disposing reason)이 이것들을 존재하게 한 것이 아니고, 이것들은 놀랍기 그지 없는 이성에게서 자신들의 기원을 받지 않는다고 말이다. 그러나 이러한 것들을 창조하신 유일하신 한 분 하나님을 예배하는 우리 그리스도인들은 이러한 것들을 만드신 하나님께 감사한다. (*Against Celsus*, IV. 75)

　오리게네스가 '[만물을] 배정하는 이성' 또는 '놀랍기 그지 없는 이성'이란 철학적 표현은 하나님을 가리킵니다. 오리게네스의 글에 따르면, 켈수스는 많은 종류의 식물들, 나무들과 풀들의 기원은 하나님에게서 비롯된 것이 아니며, 우연히 서로 비슷하게 닮은 모습으로 존재하게 되었다고 말했던 듯합니다. 켈수스의 이 견해는 오늘날 유신진화론이 주장하는 바와 매우 근사합니다. 오리게네스는 유일하신 하나님과 그리스도를 믿는 그리스도인들과 함께 이 모든 것들을 창조하신 하나님께 감사한다고 말함으로써 교회가 지켜야 할 성경의 창조신학을 잘 드러내주었습니다.

비슷한 사례를 중세시대에서도 볼 수 있습니다. 중세를 대표하는 신학자 토마스 아퀴나스(Thomas Aquinas, A.D. 1225-1274)는 초대교회의 가장 뛰어난 신학자 아우구스티누스(Augustinus A.D. 354-430)가 선한 천사나 악한 천사를 포함한 어떤 피조물도 창조를 행할 능력이 없다고 말하였음을 언급하면서, 피조물에 의한 간접 창조를 부인합니다. 아퀴나스는 자신의 책 『신학대전』(Summa Theologicae)에서 다음과 같이 말합니다.

> 어떤 이들은 추정하기를, 비록 창조가 보편적 원인의 고유한 활동임에도 불구하고, 제 일 원인의 능력에 의해 활동하는 하위 원인이 창조를 행할 수 있다고 했다. 그리고 아비세나(Avicenna)는 주장하기를, 하나님에 의해 만들어진 첫 번째 분리된 실체가 자체 원리를 따라 다른 것을, 그리고 세계의 실체와 그것의 혼을 창조했으며, 세계의 실체는 하위 물체들의 질료(the matter of inferior bodies)를 창조한다고 했다. ... 그러나 그러한 일은 있을 수 없다. 왜냐하면 제 이 도구적 원인(the secondary instrumental cause)은 최고 원인의 활동에 참여하지 않기 때문이다. (Summa Theologicae, pt. 1, q. 45, art. 5.)

아비세나는 10세기 이슬람의 대표적인 철학자이며 의학자입니다. 아퀴나스가 "보편적 원인," "제 일 원인"이라고 한 표현은 하나님을 가리킵니다. 아비세나의 주장을 옮기면서 말한 "하나님에 의해 만들어진 첫 번째 분리된 실체"는 자연이나 우주 자체를 가리키고, "세계의 실체와 그것의 혼"은 우주에 의하여 만들어진 것입니다. 아비세나는 이것들이 "하위물체의 질료들" 곧 이 세상에 있는 만물들을 창조하였다고 주장합니다. 이러한 주장을 비판하면서 아퀴나스는 단언하기를, 창조는 보편적 원인, 곧 모든 것들의 원인이신 하나님만이 하실 수 있는 일이며, 하나님 이외의 다른 어떤 것들은 피조물일 뿐이라고 강조합니다. 자연은 "제 이 도구적 원인"일 뿐입니다. "제 이 원인"은 피조계가 원인으로 작용하는 경우를 말하며, 이와 대조적으로 "제 일 원인"이라는 말은 하나님을 가리켜 말합니다. 또 "도구적 원인"이라는 것은 마치 나무를 벨 때 목수가 사용하는 전기 톱과 같은 역할을 의미합니다. 나무를 베는 일의 실행은 하나님이 하시고 그것을 베는 이유나 목적도 하나님에게만 있습니다. 아퀴나스가 "제 이 도구적 원인은 최고 원인의 활동에 참여하지 않는다."는 말은 두 가지 개념을 뜻합니다. 하나는 자연이나 우주는 실행 원인이 아니라 도구적 원인일 뿐이라는 것이며, 다른 하나는 창조란 하나님이 직접 행하시는 일이며 자연이나 우주와 같은 도구적 원인이 하나님이 직접 행하시는 일에 참여하지 않는다는 것을 말합니다.

교회는 하나님의 창조가 자연이나 우주의 참여가 없이 하나님께서 홀로 직접 행하신 일이라는 이 진리를 종교개혁 이후에도 여전히 견실하게 고백하였습니다. 앞서 언급한 웨스트민스터 신앙고백서 4장 1절과 더불어 웨스트민스터 대요리문답은 "하나님께서는 다른 모든 피조물을 창조하신 후에, 사람을 남자와 여자로 창조하셨습니다. 남자의 몸을 땅의 흙으로 빚으셨으며, 여자를 남자의 갈빗대로 빚으셨습니다. ..."(17문항)라고 고백합니다. 교회사를 두루 통해서 정통교회가 고백하는 어느 신앙 문서를 살펴도 하나님께서 만물을 직접 창조하셨다는 창조의 신앙을 고백하지 않는 것은 없습니다. 이것은 교회의 공적 고백입니다.

7) 단지 기능의 창조?

교회가 하나님의 직접적인 창조를 분명하게 고백한 까닭은 그것이 성경의 교훈이라고 믿었기 때문입니다. 그런데 유신진화론자들은 성경을 통해 하나님을 믿는다고 하면서도 왜 창조를 교회의 공적 신앙과 다르게 주장하는 것일까요? 그 까닭은 이들이 성경이 하나님의 직접적인 창조를 말하지 않는다고 보기 때문입니다. 이들은 말하기를 하나님의 창조는 두 가지를 의미한다고 합니다. 하나는 하나님이 우주를 만들었다는 주장이며, 다른 하나는 그런데 이 우주가 스스로 우주 안에 있는 실체들을 만들 수 있는 능력을 가지도록 만들었다는 주장입니다.

예를 들어, 휘튼 대학의 구약학 교수인 존 월튼(John Walton)은 창세기 1-3장이 창조세계를 이루고 있는 물질들의 기원을 말하는 것이 아니라 창조세계가 그러한 물질을 이루는 기능의 기원이 하나님에게서 왔다는 것을 말한다고 주장합니다. 월튼에게 있어서 하나님의 창조란 하나님께서 우주에 질서와 기능을 부여하시는 것이 됩니다. 창세기의 주된 관심은 물질의 역사적 기원에 대해서는 아무런 말을 하지 않으며, 단지 우주의 여러 요소들에게 역할과 기능이 어떠한지에 주된 관심을 두고 있다는 것이 월튼의 해석입니다. 우종학은 월튼의 주장과 보조를 맞추어, 이러한 기능의 창조론이 본래 이스라엘과 고대 근동 지역의 사람들이 생각하는 창조 개념이었다고 잘못을 범합니다. 우종학은 무엇인가를 만들어 낸다는 의미에서의 창조 개념은 현대의 물질주의적 세계관에 따른 것이라고까지 말합니다. 그러니까 마치 하나님이 우리가 아는 자연의 물체들을 직접 만드신 것으로 성경의 창조를 이해하는 것은 현대의 물질주의 세계관을 창세기에 이입시켜 해석한 오류라고 주장합니다. (참고: John H. Walton, Genesis, NIV Application Commentary (Grand Rapids, MI: Zondervan, 2011); Walton, Genesis 1 as Ancient Cosmology (Winona Lake, IN: Eisenbrauns, 2011); Walton, Lost World of Adam and Eve; and Walton, The Lost World of Genesis One: Ancient Cosmology and the Origins Debate (Downers Grove, IL: InterVarsity Press, 2009))

그런데 이러한 주장이 옳은 주장일까요? 이러한 주장이 옳다면 2000년 교회사를 통하여 교회는 창세기를 잘못 읽은 것이고, 그처럼 잘못된 지식 위에서 신앙을 고백해온 것이 됩니다. 즉 하나님은 간접적으로 우주의 기능을 통해서 만물을 만드셨는데, 교회는 하나님이 만물을 직접 창조하신 것으로 잘못 고백해 왔다는 것입니다. 정말로 창세기 1-3장은 기능적 창조만을 말하며, 그것이 고대 근동 지역 사람들의 창조 개념이었을까요? 미국 리폼드신학교 교수인 존 커리드(John Currid)는 이러한 주장이 잘못된 것임을 잘 밝혀줍니다. 커리드에 따르면, 고대 이집트의 창조 신화들이나 메소포타미아의 에누마 엘리시(Enuma Elish)로 불리는 바벨론 서사시는 두 개념을 모두 담고 있습니다. 다시 말해서, 이러한 고대 근동 문서가 우주의 작용과 인류의 기능에 대해 말하고 있는 것은 사실이지만, 그것에 더하여 또한 우주 안에 있는 여러 물체들의 기원을 아주 중요하게 언급하고 있습니다. (John Currid, "Theistic Evolution Is Incompatible with the Teachings of the Old Testament," in *Theistic Evolution* vol.2 (eds.J.P. Moreland, et al, (Wheaton, IL: Crossway, 2917), 839-878; 한역, (부흥과 개혁사, 2019), 367-415)

이러한 주장이 사실이라는 것은 선입견 없이 창세기 1장을 살펴보면 잘 드러납니다. 성경은 아주 분명하게 '혼동하고 공허한' 땅(2절)에 채워지는 자연질서와 구성요소들의 창조를 보여줍니다. 구체적으로 창세기 1장은 빛(3절), 바다(9절), 땅(9절), 식물(11절), 광명체(14절), 동물(24절), 그리고 사람(26절)들이라는 실체들이 어떻게 존재하게 되었는지에 대한 기원의 신비를 보여줍니다. 이처럼 성경은 실체들의 기원을 분명하게 제시하면서, 이와 아울러 이러한 것들의 기능과 목적을 말하고 있습니다. 따라서 커리드가 잘 지적한 바처럼, 하나님의 창조는 우주에 기능을 부여하는 기능의 창조일 뿐만 아니라, 우주를 구성하는 내용들도 창조한 물체의 창조이기도 합니다. 그러므로 하나님의 창조를 단지 기능의 창조라고 성격을 규정하면서 하나님께서 만물을 직접 창조하신 사실을 부인하는 유신진화론은 성경을 바르게 읽지 못한 것입니다.

8) 진화론이 자연계시라고요?: 진화, 진화 이론의 구별과 오용

어찌하여 유신진화론자들은 성경해석에 있어서 하나님의 직접적인 창조를 부인하는 오류를 범하는 것일까요? 그 이유는 아주 간단합니다. 그것은 진화론이 진리이며 자연계시라고 믿는 확신 때문입니다. 유신진화론자들은 진화론이 과학에 의하여 확고한 진리로 확증되었다고 믿습니다. 그러므로 창조에 관한 특별계시인 성경의 교훈은 자신들이 자연계시라고 믿는 진화론에 어긋나지 않게 해석되어야 한다고 주장합니다. 다시 말해서 하나님의 창조가 직접적인지 간접적인지는 특별계시인 성경이 밝히 말하고 있지 않으며, 과학이 밝힌 진화론에 따라서 결정하여야 한다는 것입니다.

그러면 유신진화론자들은 진화론을 얼마나 확신하기에 성경의 해석마저도 진화론에 조화를 이룰 수 있도록 수정하려고 하는 것일까요? 이에 대해서는 앞에서도 언급한 콜린스(Francis S. Collins)의 말을 통해서 잘 살펴볼 수 있습니다.

> 현재 활동하는 거의 모든 생물학자들은 다윈이 말한 변이와 자연선택이 기본적으로는 의심의 여지가 없는 정확한 이론이라고 확신한다. ... 그러나 진화는 지난 150년간 종교계를 무척 불편하게 만든 근원이었던 게 사실이며, 종교계의 저항은 지금도 수그러들 기미를 보이지 않는다. 그러나 우리 인간을 포함해 모든 생물은 서로 연관되어 있다는 견해를 뒷받침하는 수많은 과학 자료를 종교인들도 자세히 들여다볼 필요가 있다. 이처럼 명백한 증거가 있는데도 일반 미국인의 인식은 좀처럼 변하지 않는다는 현실이 그저 당혹스럽기만 하다. (『신의 언어』, 144-45 한역)

콜린스는 진화론은 명백한 증거를 가지고 있으며 의심의 여지가 없는 정확한 이론으로 확신합니다. 그에게 있어 진화론은 불확실한 가설이 아닙니다. 콜린스는 2004년 갤럽연구소의 통계를 인용하면서, 미국인의 3분의 1만이 진화를 증거가 확실한 이론이라 믿었고, 나머지는 증거가 충분치 않거나 잘 모르겠다는 반응이었다고 말하며 이러한 현상에 대해 안타깝게 여깁니다. 그의 생각에 이러한 현상은 인간의 창조에 대한 이해와 연결이 된다고 보고, 이어서 인간의 기원과 진화에 대한 설문 조사 결과를 언급합니다. 설문이 묻는 선택은 다음 세 가지입니다.

1) 인간은 지금보다 덜 진화한 형태에서 시작해 수백 만년에 걸쳐 진화해왔다. 하지만 물론 신이 이 과정을 인도했다. 2) 인간은 지금보다 덜 진화한 형태에서 시작해 수백만 년에 걸쳐 진화해왔지만, 신이 이 과정에 개입하지는 않았다. 3) 신은 지난 1만 년 정도의 시간에 인간을 단 한 번에 거의 지금과 같은 형태로 창조했다.(『신의 언어』, 153 한역)

콜린스는 2004년의 미국인의 45퍼센트가 3)을 선택하였고, 1)은 38퍼센트, 2)는 13퍼센트였다는 결과를 인용합니다. 그리고 그는 이러한 통계에 대해 판단하기를 3)을 선택한 사람들은 진화는 아득히 긴 시간이 있어야 한다는 것을 충분히 감 잡지 못한 탓이며, 아울러 또한 진화는 직관적으로 초자연적 설계자가 필요하다고 생각과 충돌하기 때문이라고 말합니다. 콜린스는 진화는 과학적 진리이고 이에 대한 반대는 종교적 신념일 뿐이라고 주장합니다. 3)을 선택한 사람들은 적어도 창세기 1, 2장을 오해하고 있다고 콜린스는 판단합니다. 왜냐하면 그의 생각에, 창세기는 앞에서 말한 바처럼 하나님의 창조가 물체의 창조가 아니라 물체를 만드는 기능을 가진 우주의 창조임을 말한다는 것을 말하며, 아울러 이를 만드시는 하나님의 성품을 말하는 것이 아니기 때문입니다.

유신진화론자의 진화에 대한 확신은 우종학의 말에서도 잘 확인됩니다. 우종학은 진화와 진화이론과 진화주의를 구별하면서 진화론에 대한 의심의 빗장을 풀어내고자 합니다. 그는 진화론 자체는 무신론을 지지하지 않는다고 말하면서 진화, 진화이론, 진화주의를 구별합니다.

우선 진화라는 말은 과학에서 흔히 사용되는 용어이고 넓게 보면 시간에 따른 변화를 의미하지. .. 생물 진화라고 하면 시간에 따라 더 복잡한 종이 출현한 과정을 의미하는 것이지. 그러니까 진화는 자연현상 자체라고 볼 수 있어. ... 반면 진화 이론이라는 것은 진화라는 자연현상을 설명하는 하나의 과학 이론이라고 정의할 수 있네. 과학자들이 얻은 경험 데이터를 토대로 자연현상 간의 인과관계나 진화가 일어나는 기제나 원인을 다루는 것이 바로 진화 이론이지. 가령 ... 생물 진화 이론은 시간에 따라서 더 복잡한 종이 발생하는 진화 현상을 자연선택이라든가 유전자 변이라든가 적응 같은 기제를 통해서 설명하는 과학 이론이지. 그러나 진화주의는 과학이 아닐세. 진화 이론을 무신론적으로 해석한 하나의 세계관이라고 할 수 있네. 가령 생물 진화라는 자연현상이 생물 진화이론이라는 과학으로 잘 설명된다면 더 이상 신은 필요 없다고 주장하는 무신론자의 주장이 바로 진화주의라고 할 수 있지. (『무신론기자가 크리스찬 과학자에게 묻다』, 38, 39)

앞의 진술에서 보듯이 우종학은 진화와 진화 이론을 구별합니다. 진화는 생물의 경우 시간에 따라 더 복잡한 종이 출현한 과정을 가리키며, 진화 이론은 진화 현상을 설명하는 과학 이론으로 구별합니다. 그리고 진화를 가리켜 '자연 현상 자체'라고 말합니다. 이 것은 정말 많은 질문을 하게 하는 진술입니다. 현재 자연 안에 있는 생물체들이 시간에 따라 더 복잡한 종이 출현하여 나타난다는 것은 '자연 현상 자체'가 아닙니다. 그것은 해석이며 가설입니다. 자연 현상 자체가 보여주는 것은 자연 안에는 존재하는 다양한 종류의 생물체들입니다. 이제 그처럼 다양한 종류의 생물체가 어떻게 나타나게 되었는지를 질문한다고 합시다. 그때 어떤 분이 하나님께서 직접 종류대로 창조하신 것이라고 답을 할 수 있으며, 또 다른 어떤 분이 '시간에 따라 더 복잡한 종이 출현하여 나타난' 것이라고 답을 할 수 있습니다. 이 두 개의 서로 다른 견해는 다양한 종류의 생명체가 존재하는 자연 현상 자체에 대하여 '어떻게'라는 질문에 대해 답을 주는 해석 또는 가설들입니다.

우종학이 말하는 진화 이론은 어떤 것일까요? 자연선택이나 유전자 변이와 같은 기제들을 통해서 진화가 이루어진다는 진화 이론은 진화라는 가설을 지지하기 위하여 내세우는 또 하나의 가설입니다. 과학은 어느 가설을 더 타당하다고 지지하거나 증명할까요? 창조론을 주장하는 과학자는 다양한 종류의 생물체들은 자연 안에서 스스로 우연히 오랜 시간에 걸쳐서 만들어질 수가 없다는 과학적 판단을 합니다. 그리고 하나님의 초자연적인 개입이 있었을 것이라고 추론합니다. 반대로 진화론을 주장하는 과학자라면 우종학이 말하는 진화 이론을 내세우며 생물체는 물질에서 기원하며 시간에 따라 물질이 단순한 생물체를 낳고, 그것은 다시 시간에 따라 더 복잡한 생물체로 나타났다는 주장할 것입니다. 그리고 자연선택이라는 가설과 유전자의 돌연변이와 같은 자연적인 원인으로 진화라는 가설을 증명하려고 할 것입니다.

　요컨대 진화는 결코 '자연 현상 자체'가 아닙니다. 그것은 가설이며 해석일 뿐입니다. 그리고 가설인 진화가 어떻게 나타났는지를 설명하기 위한 또 다른 가설들이 진화 이론입니다. 이 진화 이론도 과학적으로 검증되지 않은 또 다른 가설일 뿐입니다. 예를 들어 물질에서 화학진화를 통해서 생명체가 출현한다는 주장, 유전법칙의 한계를 넘어서 단세포 생물이 다세포 생물이 된다는 대진화 등은 진화라는 이름 아래에 있는 가설입니다. 유전자 변이나 자연선택 등의 관찰이나 개념을 사용하여 이러한 가설을 설명하려는 시도도 가설이며 해석입니다. 진화와 진화 이론은 구별될 것이 아닙니다. 이 둘을 모두 가리켜 '진화론 또는 진화이론'이라고 합니다. 진화론에서 진화라는 말만을 분리하여 진화란 자연 현상 자체라는 말하는 것은 이러한 사실을 왜곡하는 잘못된 구별입니다.

　왜 이렇게 구별을 시도할까요? 그것은 진화론에 대한 확신을 심어주기에 도움이 되기 때문일 것입니다. 이를테면, 진화론자들은 유전법칙의 한계 안에서 변이를 통해서 다양한 종들이 나타나는 것을 소진화라고 합니다. 소진화는 앞서 말한 화학진화, 대진화와 같은 개념과는 너무나 다른 것입니다. 엄밀한 의미에서 이러한 변이들은 진화라고 말할 것이 아닙니다. 이러한 것들이야말로 창조론자들도 인정하는 자연 현상 자체이기 때문입니다. 물론 창조론자들은 진화론자들이 소진화를 설명하면서 무작위적 돌연변이를 소진화의 메카니즘을 언급하는 것에 대해서는 반대합니다. 그럼에도 진화론자들은 진화론을 대중적으로 설득하기 위하여 창조론자들도 관찰하고 인정하는 변이를 통한 생물의 변화를 제시합니다. 그리고 그것을 진화라고 이름 하면서, 진화가 과학적으로 확증된 것인 양 진술하는 경우가 종종 있음에 유의하여야 합니다. 그리하여 대중들로 하여금 마치 '진화', 곧 "시간에 따라 더 복잡한 종이 출현한 과정"이 과학적으로 확증된 것인 양 여기게끔 합니다. 이러한 사정을 염두에 둘 때, '진화'와 '진화 이론'을 구별하여 진화가 자연 현상 자체라고 말하는 것은 독자들을 사실을 바르게 보지 못하게 하는 결과를 낳는 오류를 범합니다.

유신진화론자들은 진화론을 어느 만큼이나 확신하기에 진화를 '자연 현상 자체'라고까지 말하는 오류를 범하는 것일까요? 유신진화론자들에게 있어서 진화론을 부정하는 것이 마치 지동설을 반대하고 천동설을 주장하는 것과 같을 정도입니다. 다시 콜린스를 인용하면, 그는 4세기 초대교회의 신학자 아우구스티누스의 말을 인용하여 말하기를, 진화론을 부인하는 것은 마치 성경이 바보같은 소리만 지껄인다는 오해를 일으킨다고 주장합니다.

그리스도인이 아닌 사람도 대개는 알고 있다. 땅과 하늘과 그 밖의 이 세상 것들, 별의 움직임과 궤도, 심지어 그 크기와 상대적 위치, 예측가능한 일식과 월식 그리고 일 년 열두 달과 계절의 주기, 동물과 관목과 돌 등에 대해, 그리고 이 지식을 이성과 경험에서 나온 확실한 것으로 받아들인다. 이제 성경의 의미를 전달한다며 이런 주제에 관해 허튼소리를 해대는 그리스도인에게 귀를 기울이는 것이 이교도들에게는 수치스럽고도 위험한 짓이 되었다. 우리는 사람들이 그리스도인 전반에 대해 잘 모르거나 그리스도인을 비웃는 당혹스러운 상황을 막아야 한다. ... 그리스도인이 일반 사람들도 뻔히 아는 사실을 두고 실수를 하거나 성경에 관해 바보 같은 말만 늘어놓는다면, 사람들이 어떻게 우리 성경을 믿을 것이며, 죽은 자의 부활이니 영적 삶이니 천국이니 하는 것들을 어떻게 믿을 수 있겠는가? 그들이 이미 경험을 통해 이성적 시각으로 터득한 사실을 놓고 성경은 온통 바보 같은 소리만 지껄인다면 그들은 어떤 생각이 들겠는가?(아우구스티누스, 창세기 19:39; 『신의 언어』, 160-61 한역에서 재인용)

콜린스는 아우구스티누스의 이 말이 오늘날 진화론과 관련하여서도 적용이 된다고 생각합니다. 콜린스의 판단에 따르면, 진화론은 이성과 경험에서 나오는 확실한 것이며, 성경의 의미를 전달한다고 하면서 이것을 부정하는 것은 허튼소리이고, 이교도들에게 조롱거리가 될 따름입니다. 이것은 콜린스가 얼마나 진화론이라는 가설을 깊이 신뢰하고 있는지를 역으로 보여줍니다. 콜린스에게 있어 진화론은 아우구스티누스가 말하고 있는 일 년 열두 달과 계절의 주기와 동일한 수준의 진리입니다.

그러나 그럴까요? 진화론에 대한 반대가 단지 종교적 신념에 따른 반대에 불과한 것일까요? 아우구스티누스가 말한 대로 이교도들도 알만한 과학적 관찰에 대해 반대하는 것과 같은 종교적 신념으로 진화론을 비판하는 것일까요? 진화론에 대한 반대는 비단 종교적 관점에서만 있는 것이 아니라, 바로 과학적 관점에서도 주어지고 있다는 사실을 콜린스는 짐짓 외면합니다. 물질에서 화학 진화를 통해 생명체가 나타났다는 주장은 과학이 아닙니다. 또한 하나의 단세포 생물이 인간과 같은 복잡한 생물의 조상이라는 것도 과학으로 검증된 것이 아닙니다. 진화는 다만 가설일 뿐이며, 이 가설에 따라서 생물현상을 해석하는 과학자들이 있을 뿐입니다. 따라서 진화론이 곧 과학이 아니며, 또한 과학이 곧 진화론도 아닙니다. 콜린스의 주장과 달리 과학은 진화론을 지지하지 않는다고 판단하는 과학자들도 상당수가 존재합니다. 거듭 말하지만 진화론은 여전히 과학적으로 확증된 이론이 아니라 가설입니다. 과학적 판단에 따라 진화론이 진리가 아니라고 판단을 하는 과학자들의 소리를 진화론 자인 콜린스도 들어야 합니다. (진화론에 대한 과학적 비판에 대해서는 이 책의 1부 "유신진화론에 대한 과학적 비평"을 읽어보시기 바랍니다.)

유신진화론자들은 이러한 반론을 듣기는 고사하고, 오히려 진화론을 자연에 나타난 계시라고까지 주장을 합니다. 그런데 자연계시는 무엇을 밝혀줍니까? 하나님께서 자연에 드러낸 계시는 하나님의 영광과 신성에 대한 증거를 보여줍니다. "창세로부터 그의 보이지 아니하는 것들 곧 그의 영원하신 능력과 신성이 그가 만드신 만물에 분명히 보여 알려졌나니 그러므로 그들이 핑계하지 못할지니라."(롬 1:20) 자연계시는 만물을 보존하시고 다스리시는 하나님의 섭리활동을 통해 제시될 뿐만 아니라, 만물을 창조하신 능력과 지혜를 통해서 제시됩니다. 이러한 창조와 섭리의 활동을 통해 나타내시는 하나님의 지혜와 능력에 대한 계시가 자연계시입니다. 이와 달리 자연 스스로 오랜 시간에 걸쳐서 우연히 방향성이 없는 돌연변이의 축적과 자연선택을 통해서 만물을 만들어낸다는 진화론은 자연계시가 아닙니다. 그것은 유신진화론자들이 자신들의 해석을 자연에 나타난 하나님의 계시를 바르게 보이는 것이라고 말하며 합리화할 따름입니다. 이러한 이해를 바탕으로 유신진화론자들은 자연계시인 진화론에 의하여 특별계시인 성경을 해석할 것을 주장합니다. 그 결과 전통적 창조론으로 성경을 해석하는 것을 버리고, 창조가 진화의 방식으로 이루어졌음을 말하는 유신진화론을 받을 것을 주장합니다.

9) 계획된 진화, 인도된 진화?

그런데 창조는 진화와 서로 다른 개념이 아닌가요? 창조는 하나님께서 우주와 그 안에 있는 만물들을 자신의 뜻대로 무에서 직접 만드신 것을 말하는 반면에, 진화는 무작위적으로 인도되는 방향 없이 나타난 돌연변이들의 자연선택에 의하여 생명체가 나타났다는 것을 말하지 않습니까? 그러니까 창조는 만물이 만들어진 과정이 하나님의 설계와 목적에 따라 이루어졌으며, 반대로 진화는 설계가 아니라 우연, 계획과 목적이 아닌 무목적을 전제하고 있는 것이 아닐까요? 이 질문에 대해 무엇이라 말씀하시겠습니까? 답은 "당연히 그렇습니다."입니다. 그런데 어떻게 유신진화론자들은 '진화의 방식에 의한 창조'라는 모순된 주장을 하는 것일까요?

여기에서 유신진화론자들은 두 가지 개념을 말합니다. 하나는 '계획된 진화'라는 개념이고, 다른 하나는 '인도된 진화'라는 개념입니다. 이 두 개념은 각각 모순을 포함합니다. 앞서 말씀드린 바처럼 계획이나 인도는 진화와 서로 상응하는 개념이 아니기 때문입니다. 계획에 의한 설계는 진화와 어긋나며, 또한 작용의 방향을 인도하는 것은 진화와 충돌합니다. 그렇다면 유신진화론자들이 말하는 '계획된 진화'와 '인도된 진화'란 어떤 개념입니까? 계획된 진화란 하나님께서 진화의 방식으로 계획하신 목적을 이루신다는 주장입니다. 진화의 과정은 무작위적이지만 진화의 결과는 이미 계획된 것이라는 주장입니다. '인도된 진화'는 진화의 과정이 무작위적이며 우연으로 보이지만 이러한 것도 사실은 하나님께서 그의 섭리 가운데 인도하고 있다는 주장입니다. 콜린스의 말을 들어보겠습니다.

신은 우주를 창조하는 순간에 미래에 일어날 일을 세세한 부분까지 모두 알 수 있다. … 우리가 보기에 진화는 우연에 지배되는 듯하지만, 신의 관점으로 보면 그 결과는 하나하나가 전적으로 미리 정해진 것이다. 이처럼 신은 각각의 종이 창조되는 순간에 일일이 완벽하게 개입할 수 있지만, 시간 개념이 일차원적 수준에 머무르는 우리가 보기에는 이 과정이 방향성도 없는 무차별적 과정으로 보이기 쉽다.(『신의 언어』, 207-209)

이 두 개념은 사실 구별되고 있지만 사실 동일한 사실을 전제합니다. 그것은 하나님께서 자신이 계획한 목적을 이루기 위하여 우연과 무작위라는 진화의 방식을 인도한다는 것입니다. 이를테면 어떤 물질이 스스로이든 다른 물질과 결합되어서이든 우연하며 무작위적인 물리, 화학작용이라는 진화의 과정에 의하여 단세포 생물을 만들어 냈다고 가정할 때, 하나님께서는 그러한 진화의 과정을 인도하여 단세포 생물을 만들고자 하는 계획을 이루신다는 것입니다. 또한 단세포 생물이 진화의 과정을 인도하여 결국에 사람으로 나타날 때, 이 모든 진화의 과정은 사람이라는 결과가 나타나도록 의도하신 하나님의 계획을 실현하도록 인도된 것이라는 주장입니다. 이러한 주장은 비록 진화의 과정이 사람이 보기에는 우연이며 무작위적이지만, 하나님 편에서는 계획을 실현하는 인도하심이라고 말합니다.

어떻게 평가를 하여야 할까요? 이러한 주장은 옳은 것일까요?

우선 논리적으로 진화론을 주장하면서 '인도'나 '계획' 같은 개념을 말하는 것이 모순된 것이며 용납될 수 없다는 문제점은 무신론적 자연주의자의 진술에서 잘 드러납니다. 부부인 데보라 하스마와 로렌 하스마는 그들이 진화주의라고 분류한 무신론적 자연주의자인 생화학자 자크 모노(Jacques Monod)의 글을 인용하여 이 사실을 보여줍니다.

> '우연'만이 생물권 안에 존재하는 모든 혁신과 창조물의 근원이다. 순수한 우연, 즉 절대적으로 자유롭지만 맹목적인 이 순수한 우연이 진화라는 이 거대한 체계의 뿌리인 것이다. ... [이러한 생물학적 발견들로 인해] 우리는 종합적인 계획 아래 창조가 이뤄졌다고 가정하는 그 어떤 체계도 용납할 수 없게 되었다.(『오리진』, 205에서 인용)

데보라 하스마와 로렌 하스마는 이 주장이 생물학적인 돌연변이의 우연성이나 무작위성이 주는 형이상학적 이해일 수 있다고 인정합니다. 그런 이해에 따르면 돌연변이의 우연성은 진화의 필수적인 본질이므로, 진화론에는 어떤 계획이나 인도라는 개념이 불가능합니다. 그러나 하스마 부부는 이런 결론은 자크 모노가 자연주의적인 진화주의자이기 때문이라고 비평합니다. 덧붙여 말하기를, 그리스도인은 진화의 "과학적 예측 불가능성을 말하면서도 전혀 다른 세계관적 결론"을 내릴 수 있다고 주장합니다. 예를 들어 "성경은 제비뽑기에서부터 폭풍 번개에 이르기까지 인간이 예측할 수 없는 모든 사건을 하나님이 다스린다"고 가르치는 사실을 내세웁니다.

무신론자에 대한 하스마 부부의 비평은 적절할까요? 자연주의자인 무신론자가 무작위적인 우연성에서 어떠한 목적성이나 계획된 인도를 생각할 수 없다고 생각하는 것은 당연합니다. 이에 대하여 크리스천인 하스마 부부가 하나님께서는 우연을 통해서도 목적하신 바를 이끄시며 다스린다는 신앙을 진술한 것도 당연하며 옳은 일입니다. 하지만 이러한 하스마 부부의 진술이 만물의 기원과 관련하여 진화의 방식으로 하나님께서 창조하셨다는 사실을 설명하는 '계획된 진화', '인도된 진화'라는 개념에 대해서도 정당한 신학적 설명이 될까요? '계획된 진화,' '인도된 진화'라는 개념은 얼핏 생각하면 신학적으로 매우 타당하게 여겨집니다. 왜냐하면 하나님께서는 무엇이든지 그가 뜻한 바를 실행하기 위하여 제 2 원인들을 사용하실 수 있기 때문입니다. 앞서도 말한 바처럼, 제 2 원인이라는 것은 제 1 원인이신 하나님과 비교하여 피조세계 안에서 있는 여러 원인들을 가리킵니다. 웨스트민스터 신앙고백서는 5장에서 하나님의 섭리에 대해 말하면서 이와 관련하여 다음과 같이 명백하게 교훈합니다.

만물의 위대한 창조자이신 하나님께서는 자신의 지극히 지혜롭고 거룩한 섭리에 의하여, 자신의 무오한 예지에 따라서, 그리고 자신의 의지의 자유롭고 불변하는 경륜에 따라서, 가장 큰 것으로부터 가장 작은 것에 이르기까지, 모든 피조물들, 행동들 그리고 사물들을 붙드시고, 지도하시고, 배정하시고, 통치하시며, 자신의 지혜와 능력과 공의와 선과 긍휼의 영광을 찬송하도록 하신다. (5장 1절)

여기서 웨스트민스터 신앙고백서는 만물의 위대한 창조주이신 하나님께서는 만드신 만물을 붙드시고(uphold), 지도하시고(direct), 배정하시고(dispose), 통치하신다(govern)는 것을 교훈합니다. 여기서 지도하신다는 것은 앞서 '인도된 진화'라는 말에서 '인도된'과 같은 의미를 담고 있습니다. 이것은 하나님께서 친히 만드신 만물의 작용과 그것의 방향을 지도 또는 인도하신다는 의미를 가리킵니다. 또한 웨스트민스터 신앙고백서가 여기서 배정하시고, 통치하신다는 고백은 하나님께서 계획하신대로 만물을 인도하시어 자신의 목적을 이루신다는 것을 의미합니다. 이것은 앞서 말한 '계획된 진화'라는 말에서 '계획된'이라는 표현으로 담고자 하는 의미를 표현합니다. 이와 아울러 웨스트민스터 신앙고백서는 하나님께서 이처럼 만물을 붙드시고, 지도하시고, 배정하시고, 통치하시는 일을 제 2 원인들을 사용하여 하신다고 교훈합니다.

모든 일들은, 제 1 원인이신 하나님의 예지와 작정과 관련하여 볼 때, 변함없이 그리고 틀림없이 일어난다. 그럼에도, 바로 그 섭리에 의하여 하나님께서는 모든 일들이, 제 2 원인들의 성질에 따라, 필연적으로, 또는 자유롭게, 또는 우연적으로 일어나도록 명하신다.
(5장 2절)

여기서 웨스트민스터 신앙고백서는 하나님께서 모든 일들을 제
2 원인들의 성질에 따라서 필연적으로, 또는 자유롭게, 또는 우연
적으로 일어나도록 명하신다고 진술합니다. 이것은 하나님께서 제
2 원인의 방식인 우연이라는 방식을 사용하여 원하시는 바를 이루
실 수 있음을 말합니다. 말하자면 하나님께서는 주사위 놀이를 통
한 우연적인 결과들을 사용하여서도 계획하신 목적을 이루실 수가
있다는 사실을 의미합니다. 그렇다면 웨스트민스터 신앙고백서는
'계획된 진화'나 '인도된 진화'라는 개념을 지지하는 것이 아닐까
요? 하나님께서는 우연이라는 방식, 곧 진화의 방식을 사용 또는 인
도하시어 진화의 결과가 일어나도록 하실 수 있다는 해석을 열어주
고 있기 때문입니다.

그러나 여기에 주의를 기울여야 할 점이 있습니다. 지금 논하고
있는 주제는 섭리에 대한 것이 아니라 창조에 대한 것이라는 점입
니다. 웨스트민스터 신앙고백서에서 앞서 인용한 부분은 바로 섭리
에 관한 진술을 하는 맥락이라는 것을 기억해야 합니다. 창조는 단
지 하나님에게만 속한 일입니다. 섭리와 다르게 창조는 오직 제 1
원인만으로 만물의 기원을 설명합니다. 창조에 대하여서 웨스트민
스터 신앙고백서가 말하는 바를 비교해 보면 이러한 차이를 바로

알 수 있습니다.

> 성부, 성자, 성령 하나님께서는 자신의 영원한 능력, 지혜, 그리고
> 선하심의 영광을 나타내시기 위하여, 태초에, 세상과 그 안에 있는
> 보이는 것과 보이지 않는 모든 것들을 6일 동안에 창조하시기를, 곧
> 무로부터 만드시기를 기뻐하셨다. 그리고 그 모든 것이 심히 좋았
> 다. (4장 1절)

이 진술은 명백하게 하나님의 창조는 제 2 원인들 가운데 어떤
것을 사용하지 않은 채 직접 행하신 것임을 보여줍니다. 성경적 창
조론은 하나님께서 제 2 원인을 매개로 하여 간접적으로 창조하신
다고 말하지 않습니다. 그렇기 때문에 하나님께서 창조를 진화라는
우연적인 방식으로 행하셨다는 것은 하나님의 창조 사역과 섭리 사
역을 혼동하는 잘못된 주장입니다. 하나님께서는 만물을 창조하실
때, 먼저 만드신 만물의 성질을 따라 필연적으로, 또는 자유롭게,
또는 우연적으로 만물을 이용하여 창조하시는 것이 아닙니다. 앞서
도 말씀드린 바처럼, 사람을 흙으로 만드실 때처럼, 먼저 만드신 것
을 재료로 삼아 창조하실 수 있습니다. 그러나 이것이 의미하는 바
는 하나님께서 사람을 만드실 때 흙이라는 재료의 성질을 이용하셨
다는 것이 아닙니다. 하나님께서 흙이 가지고 있는 물리적, 화학적
성질이 필연적으로, 또는 우연히 작용하도록 인도하여 사람을 만
드는 목적을 이루셨음을 뜻하는 것이 아닙니다. 비록 유신진화론이

'계획된 진화'나 '인도된 진화'라는 개념으로 하나님의 창조의 방식을 진화로 설명하려고 하지만, 그것은 하나님의 섭리를 창조의 개념과 혼동하는 것입니다.

이뿐만 아니라 유신진화론의 주장에 따르면 하나님께서 지금도 여전히 창조를 계속하고 있다는 결론을 피할 수가 없습니다. 유신진화론은 '계획된 진화'나 '인도된 진화'라는 개념으로 '진화론적 창조'를 말하지만, 그러한 창조는 진화가 계속되는 한 결코 완성된 것이 아닙니다. 이것은 성경에서 말하는 창조가 아닙니다. 창세기 2장 1-2절에 "천지와 만물이 다 이루어지니라. 하나님이 그가 하시던 일을 일곱째 날에 마치시니 그가 하시던 모든 일을 그치고 일곱째 날에 안식하시니라."고 기록된 말씀이 이 사실을 증언합니다. 하나님께서는 여섯째 날의 사역을 다하시므로 창조 사역을 완성하셨으며, 그리고 그 후 일곱째 날에는 안식하셨습니다. 성경이 가르치는 교훈은 분명합니다. 하나님의 창조 사역은 여섯째 날로 완결이 되었습니다. 하나님께서는 우연과 무작위적인 자연의 제 2 원인을 사용하시어 자신의 뜻과 목적을 이루실 수 있다는 개념을 전용하여 '계획된 진화' 또는 '인도된 진화'를 말함으로써, 성경의 창조와 과학의 진화가 마치 조화를 이룰 수 있는 듯한 오해를 독자들과 청중들에게 넣어줍니다. 그러나 이것은 두 가지 점에서 부정확하며 잘못된 주장을 덮고 있습니다. 하나는 성경에서 밝히시는 창조가 완결된 창조라는 것을 부정하거나 외면하는 오류입니다. 다른 하나는 진화가 과학적 가설일 뿐이며 확정된 이론이 아니라는 것을 부정하거나 외면하는 잘못입니다. 진화는 중력이론이 이론이라는 것과 같은 의미에서의 이론이 아닙니다. 그것은 진화가 옳다고 보는 관점에서 생명체를 관찰하고 그것을 해석하는 가설일 뿐입니다.

10) 빈틈의 하나님인가 빈틈의 자연주의인가?

유신진화론자들이 창조론들을 비판하면서 종종 사용하는 표현 가운데 '빈틈의 하나님'이라는 것이 있습니다. 이 말은 어떤 자연 현상에 대하여 그것의 인과관계를 설명할 수 없는 한계에 부딪혔을 때 원인을 하나님에게로 돌리는 주장을 가리켜 하는 말입니다. 곧 인과관계를 설명할 수 없는 한계를 '빈틈'으로 표현하면서, 이 빈틈에 대한 설명을 자연의 인과관계가 아니라 하나님이 행하신 것으로 설명하는 시도를 가리켜 표현하며 비판하는 말입니다. 예를 들어 프란시스 콜린스의 말을 들어봅니다.

생명의 기원에 관한 심오한 질문 앞에서는 과학도 무력하다보니 유신론자 중에 어떤 이는 RNA나 DNA의 출현을 신의 창조 행위를 설명할 기회로 삼는다. 우주를 창조할 때 신이 의도적으로 자신과 긴밀한 관계를 맺을 인간을 만들었다면, 그리고 생명이 생성되는 과정에서 요구되는 복잡성이 우주에 존재하는 화학물질의 자기결합 능력만으로는 달성될 수 없다면, 신이 개입해 이 과정을 시작하지 않았겠는가? 과학자 중에 생명의 기원을 자연현상으로 설명할 사람이 없는 현재로서는 설득력 있게 들리는 가설이다. ... 그 옛날 일식에서부터 중세 행성의 움직임과 오늘날 생명의 기원에 이르기까지, '빈틈을 메우는 신'이라고 할 수 있는 이 같은 접근법은 오히려 종교에 해가 되는 때가 많았다."(『신의 언어』, 97-96)

콜린스의 설명은 '빈틈의 하나님', 또는 '빈틈을 메우는 신'이라는 접근법을 말하며 이는 무지에서 비롯된 주장임을 지적합니다. 이를테면 복잡한 생명체의 현상을 보고 의문을 가진 과학자가 어떻게 자연적인 화학물질이 자기결합 능력으로 이러한 복잡성을 만들어 낼 수 있는지를 설명할 수 없다고 합시다. 이 과학자가 자신이 지금 설명할 수 없는 무능력, 곧 무지의 상태를 이유로 이 빈틈을 하나님이 행하신 것이라고 답을 내린다고 할 때, 이것이 바로 '빈틈의 하나님'의 접근법이 됩니다.

유신진화론자들은 창조론자들과 지적설계론자들이 바로 이러한 접근법을 쓰고 있다고 비판합니다. 그러나 유신진화론자들의 이러한 주장은 소위 '빈틈'과 관련하여 적어도 두 가지 점에서 오류를 범하고 있습니다. 하나는 자연현상으로 설명할 수 없는 것, 곧 빈틈과 관련하여 그것이 하나님에 의하여 설계 또는 창조되었음을 보여준다는 주장이 단순히 지금 자연현상에 대한 과학적 설명이 없다는 이유만으로 제기되는 것이 아니라는 사실입니다. 오히려 그것은 지극히 정보이론에 따른 과학적 판단에 의한 것입니다. 예를 들어서 생명체가 얼마나 복잡하며 그것이 또한 목적에 맞도록 설계되어 있는가를 관찰하였을 때, 이러한 복잡성과 특정한 목적에 맞는 설계 구조는 자연의 물리적이거나 화확적 작용에 의하여 나타날 수 없다는 판단을 내린다고 합시다. 이러한 판단은 지극히 학문적이며 논리적인 판단입니다. 왜냐하면 이러한 복잡하며 특수한 목적에 맞는 설계구조는 그것을 가능케 하는 정보를 필요로 하는데, 이러한 정보는 정보를 줄 수 있는 지적 존재에 의하지 않고는 가능하지 않기 때문입니다.

앞서 콜린스가 말하기를 "생명이 생성되는 과정에서 요구되는 복잡성이 우주에 존재하는 화학물질의 자기결합 능력만으로는 달성될 수 없다면, 신이 개입해 이 과정을 시작하지 않았겠는가? 과학자 중에 생명의 기원을 자연현상으로 설명할 사람이 없는 현재로서는 설득력 있게 들리는 가설이다."고 하였습니다. 왜 그것이 "현재로서는 설득력 있게" 들리는 가설일까요? 그것은 생명을 탄생시키는데 필요한 복잡하며 특정한 목적에 따른 설계 정보는 자연에 존재하는 '화학물질의 자기결합 능력'이 만들어 낼 수 있는 것이 아니며, 도리어 정보가 주입이 되어야 나타나는 것이기 때문입니다. 이러한 판단이 지극히 타당하므로 이것은 충분히 고려하여야 할 가설입니다. 이것은 달이 태양을 가리는 일식이나 행성의 움직임을 보면서 그러한 현상이 하나님의 개입으로 인하여 나타난다고 말하는 것과는 다른 차원의 것입니다. 콜린스와 같은 유신진화론자들은 자신들이 말하는 '빈틈'에서 초자연적 손길을 추론하는 가설이 근거하는 정보이론의 무게를 정당하게 평가하지 않습니다. 이러한 예는 우종학에게서도 잘 드러납니다. 우종학은 빈틈에서 하나님의 설계를 말하는 주장을 비판하면서 이르기를 다음과 같이 말합니다.

> 외계인의 경우라면 어떤 수학적 기호들을 담아 보낸다든지 하는 식으로 지적 존재임이 분명한 증거들을 찾을 수 있겠지만 신의 설계의 경우, 은하들이 '하나님을 찬양하라'는 전파를 내거나 생물체에 어떤 특별한 메시지가 담겨 있는 것이 전혀 아니거든. 다시 말해 특정하고 복잡한 어떤 패턴이 발견된다 해도 그것이 지적인 존재가 한 것인지 자연현상을 통해 만들어질 수 있는 것인지 구별할 과학적 근거가 없다는 게 과학자들의 비판이지.(『무신론기자가 크리스찬 과학자에게 묻다』, 199)

여기서 우종학은 자신이 빈틈의 하나님을 비판하는 이유를 설명합니다. 하나는 "수학적 기호"를 발견한다면 그것이 지적 존재가 보낸 것이므로 외계인이 한 것이라고 판단할 수 있는데, 하나님의 설계의 경우에는 그렇지 않다는 것입니다. 둘은 자연에서는 "하나님을 찬양하라"는 것과 같은 특별한 메시지를 발견할 수가 없기 때문이라는 것입니다. 셋은 특정하고 복잡한 어떤 패턴이 발견된다 해도 그것이 자연현상을 통해 만들어질 수 있다는 가능성이 있기 때문이라는 것입니다.

어떻게 평가를 하여야 할까요? 이러한 우종학의 설명은 동의하기가 어렵습니다. 우선 "특정하고 복잡한 어떤 패턴이 발견된다고 해도 그것이 지적인 존재가 한 것인지 자연현상을 통해 만들어질 수 있는 것인지 구별할 과학적 근거가 없다"는 우종학의 말은 두 가지가 모두 가능성이 있음을 전제하고 있는 판단입니다. 다시 말해서 "특정하고 복잡한 어떤 패턴"이 발견된다면 그것은 지적인 존재가 한 것일 수도 있다는 가능성을 인정하는 판단입니다. 우종학이 말하는 것은 지적인 존재가 한 것일 수도 있지만 자연현상에 의해 만들어진 것이 아니라고 말할 수도 없다는 것입니다. 여기서 질문을 해 봅니다. 왜 "특정하고 복잡한 어떤 패턴"이 발견된다면 그것이 지적인 존재가 한 것일 가능성이 있는 것일까요? 그것에 대한 답은 우종학 자신이 이렇게 말합니다. 외계인이 보낸 "어떤 수학적 기호들을" 발견했을 경우 그 수학적 기호들은 보낸 이가 지적 존재임을 보여주는 증거라고 말합니다. "어떤 수학적 기호들"은 바로 "특정하고 복잡한 어떤 패턴"과 다르지 않습니다. 패턴은 곧 수학입니다. 그런데 왜 이 경우에는 "어떤 수학적 기호들"이 자연현상에 의한 것일 수도 있다고 판단을 하지 않고, 지적 존재가 보낸 것이라는 증거라고 우종학은 말하는 것일까요? 우종학이 외계인을 예로 들었으므로, 외계인에게서 신호를 수신하는 것을 주제로 한 영화를 예를 들어보겠습니다. 영화 〈콘택트〉에는 주인공이 어떤 신호를 수신하고 그것이 지적 존재인 외계인이 보낸 것임을 확신하는 장면이 나옵니다. 어떻게 알 수 있었을까요? 그 신호가 일정한 패턴의 소수(prime number)를 담고 있었기 때문입니다. 이러한 소수의 패턴이 왜 자연현상이 아니라 지적 존재가 보낸 것이라고 판단을 하게끔 하는 것일까요? 그것의 이유는 이 신호가 제공하는 소수의 패턴은 하나의 '구조를 지닌 정보'(structured information)이기 때문입니다. 그리고 이러한 정보는 결코 자연현상일 수 없다는 것이 과학적 판단이기 때문입니다. 그래서 영화 〈콘택트〉에 나오는 주인공 과학자는 외계인이라는 지적 존재에게서 온 신호임을 확신합니다. 이 과학자는 지금 과학적 판단이 아니라 형이상학적 판단을 한 것일까요? 갑자기 과학 영화가 형이상학적 철학 영화로 전환된 것일까요? 그렇지 않습니다. 그 판단은 과학적 판단인 것입니다. 우종학이 말하기를, 외계인이 보낸 "어떤 수학적 기호들을" 발견했을 경우 그 수학적 기호들은 보낸 이가 지적 존재임을 보여주는 증거라고 판단해야 한다고 말한 것은 바로 이 이유 때문일 것입니다.

그런데 우종학은 자연 안에서 발견되는 "어떤 수학적 기호"나 "특정하고 복잡한 어떤 패턴"에 대해서는 지적 존재가 이것을 만들었다든가 설계했다는 과학적 증거로 인정하지 않으려 합니다. 우종학은 그것이 자연적 원인을 통하여 이루어질 수 있을지도 모른다는 가능성을 열어둡니다. 그리고 과학은 다만 "어떤 수학적 기호"나 "특정하고 복잡한 어떤 패턴"을 발견할 따름이고, 이것이 지적 존재에 의한 것인지, 아니면 자연현상에 의한 것인지는 과학이 판단할 능력이 없다고 말합니다. 하지만 우종학의 이러한 판단은 부정확합니다. 일단 "어떤 수학적 기호"나 "특정하고 복잡한 어떤 패턴"

을 가진 신호를 과학적으로 발견했다면, 그 기호나 패턴의 신호는 자연에 나타나는 현상으로 관찰된 것입니다. 아직 어떤 존재가 그 기호나 패턴의 신호를 자연에 나타나도록 하였는지는 모를 수 있습니다. 그러나 과학자는 쉽게 판단합니다. 즉 그 신호를 자연에 나타나도록 한 존재는 자연 자체가 아니라, 외계인과 같은 지적 존재라고 판단하는데에 전혀 어려움을 겪지 않습니다. 그 까닭은 신호가 담고 있는 기호나 패턴이 구조적인 정보이기 때문입니다. 그렇다면 만일 자연에서 수열 패턴을 발견하게 된다면 그 패턴이 자연에 나타나게 된 이유는 무엇이라고 하여야 하겠습니까? 자연 안에 있는 많은 꽃잎, 동물, 인간의 몸, 태풍, 나선 은하 등의 모양은 피보나치 수열의 패턴(앞의 두 수의 합이 뒤의 수가 되는 패턴. 곧 1, 1, 2, 3, 5, 8, 13, 21, 34, 55, 89 ...)을 취하고 있습니다. 피보나치 수열은 구조적으로 가장 효율적이며 안정적입니다. 자연 안에 있는 많은 물체들의 형체가 피보나치 수열 구조를 갖고 있는 까닭은 바로 구조의 효율성과 안정성 때문일 것입니다. 그렇다면 이 피보나치 수열의 유형은 앞의 소수로 된 패턴과 넉넉히 비교할 만합니다. 이처럼 소수로 된 패턴에서도 외계인이라는 지적 존재를 확증할진데, 우종학은 어찌하여 자연 안에서 발견되는 이 피보나치 수열에서 지적 설계자를 볼 수가 없다고 하는 것일까요?

이러한 이해를 따라서 유신진화론을 판단해 보겠습니다. 유신진화론은 생물체의 기원을 자연현상으로 설명하여야 한다고 말합니다. 유신진화론에 따르면, 하나님께서 생물체를 직접 만드셨다는 주장은 '빈틈의 하나님'의 오류를 범하는 것입니다. 그렇다면 앞서 말한 기호나 패턴의 신호를 발견했을 때, 이 신호가 지적 존재에 의한 것이라는 과학적 판단도 '빈틈의 지적 존재'의 오류를 범하는 것이 됩니다. 반대로 기호나 패턴의 신호가 지적 존재에 의한 것이라는 판단이 '빈틈의 지적 존재'의 오류를 범한 것이 아니라, 정당한 과학적 판단으로 인정이 된다면, 생물체에 대해서도 동일한 판단이 적용이 되어야 합니다. "특정하고 복잡한 어떤 패턴"을 가진 생물체를 과학적으로 발견하였을 때, 그 특정하고 복잡한 패턴이나 설계는 자연적인 현상으로 관찰된 것입니다. 아직 그 패턴이나 설계를 가진 생명체가 어떠한 원인에 의하여 그렇게 되었는지는 모를 수 있습니다. 그러나 과학자는 판단할 수 있습니다. 그 패턴이나 설계가 자연적 원인으로는 불가능하며, 어떤 지적 존재에 의해서라야 가능하다는 과학적 판단을 정당하게 내릴 수 있습니다. 왜냐하면 생명체가 가지고 있는 패턴이나 설계는 지극히 구조적인 정보이기 때문입니다. 이러한 판단이 옳다면 '빈틈의 하나님'은 지극히 정당한 과학적 판단입니다. 한 마디 덧붙이면, 우종학은 외계인의 정보가 지적 존재에 의한 것임을 말해 준다고 인정하면서도, 자연 안의 생물체의 정보가 지적 존재에 의한 것임을 말해 준다고는 생각하지 않습니다. 그 이유에 대해 말하기를 자연에서는 "하나님을 찬양하라"는 것과 같은 특별한 메시지를 발견할 수가 없기 때문이라고 덧붙입니다. 그러나 앞서 영화 〈콘택트〉에서 발견된 소수의 패턴도 전달하는 메시지는 없습니다. 그럼에도 과학자는 이것이 지적 존재에게서 온 것임을 확신합니다. 그 소수의 패턴이 어떤 특정한 메시지를 전하고 있는가는 중요하지 않습니다. 메시지는 소통과 전달이라는 또 다른 문제입니다. 복잡하며 특정한 목적을 위한 구조화된 정보 자체가 지적 존재에 의한 것이라는 증거를 보여주기에 충분합니다. 그럼에도 우종학이 이러한 판단을 거부하는 이유는 자연과 그 안에 있는 만물의 기원을 포함하는 모든 자연현상은 반드시 자연적 인과관계로만 설명되어야 한다는 소위 방법론적 자연주의를 따르고 있기 때문입니다. 이것에 대해서는 뒤에서 '방법론적 자연주의와 형이상학적 자연주의'라는 주제와 관련한 단락에서 설명드리겠습니다.

유신진화론자들의 이러한 태도는 '빈틈의 하나님'과 관련한 그들의 주장이 잘못되었음을 말해주는 또 하나의 이유를 보여줍니다. 유신진화론자들은 '빈틈'에 대한 자연현상의 원인을 아직 설명해 내지 못한다고 하여 이것을 초자연적인 존재, 곧 하나님에게 원인을 돌리는 것은 잘못이라고 말합니다. 비록 지금은 설명하지 못한다고 하여도 장래 언젠가는 가능할 수 있다고 판단하기 때문입니다. 이러한 판단에 근거하여 유신진화론자들은 창조론자들이 소위 '무지에 근거한 논증'과 같은 오류를 범한다고 비판의 목소리를 높입니다. '무지에 근거한 논증'이란 어떤 것이 참이라고 증명되지 않았으므로 거짓이라고 주장하거나, 반대로 거짓이라고 증명되지 않았으므로 참이라고 말하는 주장입니다. 유신진화론자들은 말하기를, 만일 창조론자들이나 지적 설계론자들이 주장하기를 유신진화론자들이 현재 복잡한 생명체를 만들어 내는 진화론적 인과관계를 참이라고 증명하지 못하고 있으므로, 하나님이 창조하신 것이라는 판단이 옳다고 한다면, 창조론자들의 주장은 '무지로부터의 논증'의 오류를 범한 것이라고 주장합니다. 그러나 창조론자들이나 지적 설계론자들이 이러한 '무지로부터의 논증'의 오류를 범하고 있다고 한다면, 유신진화론자들도 또한 동일한 오류를 범하고 있다는 사실이 지적되어야 합니다. 왜냐하면 유신진화론자들의 주장은 '빈틈'을 자연적 원인으로 설명하는 것이 거짓이라 증명하지 못하는 한, 빈틈을 자연적 원인으로 설명하는 것이 참이라고 말하고 있는 것이기 때문입니다. 즉 이들은 비록 지금 자연적 원인을 설명하지 못한다고 하여, 그것이 곧 자연적 원인의 설명이 불가능하다는 것을 증명하는 것이 아니기 때문에, 자연적 원인의 설명은 참이라는 논증을 펴고 있는 것입니다. 이 논증은 어떤 것이 거짓이라고 증명되지 않았으므로 그것은 참이라는 주장을 펴고 있는 것이며, 논리적으로 '무지로부터의 논증'이라는 오류를 범하고 있는 것입니다.

왜 유신진화론자들은 자연적인 인과관계로 더 이상 설명되지 않는 경우에라도 초자연적 원인을 생각하지 않으려고 하는 것일까요? 복잡하며 특정한 설계구조를 가지고 있는 생명체는 자연의 무작위적이며 우연한 현상에 의하여 나타날 수 없다는 판단을 왜 부인하는 것일까요? 왜 그것이 자연적 원인에 의하여 나타날 가능성이 아니라 초자연적인 원인에 의하여 나타났을 가능성을 고려하는 것이 더욱 합리적이라는 판단을 하지 못하는 것일까요? 이러한 질문들을 대할 때 기억할 중요한 사실이 있습니다. 유신진화론자들에게는 소위 '빈틈'라고 말하는 것을 반드시 자연적인 원인들로 설명하여야 한다는 믿음 또는 이 믿음에 기초하여 그렇게 하고자 하는 의지가 있다는 사실입니다. 이 믿음은 빈틈이 자연적 원인에 의하여 나타났다는 전제, 곧 자연주의에 기초하고 있습니다. 이러한 전제에 따른 믿음에 기초하여 유신진화론자들은 '빈틈'이 언제인가 자연적인 인과관계에 따라서 설명이 될 수 있으므로 지금 설명하지 못한다고 하여 초자연적인 원인에로 돌리는 것이 잘못이라고 주장합니다. 말하자면 '빈틈의 하나님'을 주장한다고 창조론과 지적 설계론을 비판하는 유신진화론은 빈틈이 자연적 원인에 의한 것이라는 '자연주의'에 대한 믿음을 전제하고 있습니다. 결과적으로 무엇일까요? 유신진화론은 '빈틈의 하나님'을 비판하면서, 그 자리에 '빈틈의 자연주의'를 내세우고 있는 것입니다.

11) 방법론적 자연주의와 형이상학적 자연주의

그런데 유신진화론은 결코 자연주의를 지지할 수 없는 것이 아닐까요? 유신진화론은 하나님을 인정한다는 점에서 자연주의 진화론 또는 무신진화론과 근본적으로 견해가 다른 주장이기 때문입니다. 그런데 창조론이나 지적 설계론이 '빈틈의 하나님'을 주장하고 있다고 비판하면서, 왜 유신진화론은 '빈틈의 자연주의'에 갇혀 있는 것일까요? 그것은 유신진화론의 주장이 소위 말하는 방법론적 자연주의(methodological naturalism)를 전제하고 있기 때문입니다.

방법론적 자연주의란, 과학 활동에 초자연적 요소, 곧 제 일 원인이신 하나님을 고려하는 이른바 유신론적 과학(theistic science)을 반대하면서, 기본적으로 하나님 또는 하나님의 직접적인 활동과 같은 신학적 개념은 자연과학에서 사용할 수 없다는 관념입니다. 이러한 방법론적 자연주의는 자연현상을 이해함에 있어서 하나님을 원인으로 설명하는 유신론적 과학 방법은 앞서 말한 '빈틈의 하나님'의 오류를 범하는 잘못된 것이라고 비판을 합니다. 방법론적 자연주의가 말하는 과학의 목표는 우연적인 자연 현상을 다른 우연적인 자연 현상들을 통하여 설명하는 것입니다. 따라서 유신진화론자들은 과학적 설명들이란 자연의 사물들과 사건들에 대한 것이지, 인간이나 하나님의 인격적인 선택들과 행동들을 다루는 것이 아니라고 주장합니다.

그런데 이러한 방법론적 자연주의는 형이상학적 자연주의를 함의하는게 아닐까요? 방법론적 자연주의는 결국 형이상학적 자연주의를 낳게 되지 않을까요? 만일 그렇다면 유신진화론자들이 방법론적 자연주의를 내세우는 것은 모순이 됩니다. 유신진화론자들은 무신진화론자들처럼 자연주의를 믿는 자들이 아니기 때문입니다. 반 틸은 방법론적 자연주의는 사실상 형이상학적 자연주의를 피할 수 없다는 비판을 의식하고 다음과 같이 반론을 진술합니다.

> 그것은[방법론적 자연주의는] 때때로 *자연* 과학은 스스로 인정을 하듯이 *자연* 현상들에 호소하는 이론들만을 제안하는 능력을 가지고 있다는 관념을 대표한다. 자연과학은 하나님의 활동과 관련한, 그것이 보통을 뛰어 넘는 특별한 것이든지 그렇지 않든지, 질문들을 다룰 능력을 가지고 있지 못하기 때문에, 그것의 방법론은 원자들, 분자들, 세포들과 같은 것들이 할 수 있는 것들에 호소하는 방법으로만 설명을 할 수 있는 현상들만을 오직 다룰 뿐이라는 한계를 갖는다. 이런 이해에 비추어 볼 때, 기독교인이 생명의 형성사(the formational history of life)와 관련하여 특별창조의 한 형태를 반영하는 이론을 제안하고자 할 때, 그 이론은 과학의 통상적 의미에서 "과학적"일 수가 없다. … 자연주의 *세계관*과는 달리, "방법론적 자연주의" 용어에는 하나님의 특별한(extraordinary) 행동에 호소하는 좀 더 포괄적인 이론들을 구성하지 못하도록 막는 어떤 것도 포함되어 있지 않다. (Howard J. Van Till, "the Fully Gifted Creation," p. 201; (한역) p. 233)

반 틸은 자연과학은 자연 현상만을 다루고, 이러한 자연과학의 방법론을 대표하는 것이 방법론적 자연주의일 뿐이라고 말합니다. 그러한 방법론적 자연주의는 무신론적 형이상학을 조금도 암시하지 않는다고 힘주어 주장합니다. 자연과학은 초자연적인 개입과 관련한 형이상학적 개념을 부정할 위치에 있지 않으며, 방법론적 자연주의는 이러한 자연과학의 방법론이므로 무신론이라는 형이상학적 주장을 내포하거나 결과하지 않는다는 것입니다. 그러면서도 반 틸은 방법론적 자연주의라는 용어를 사용하기를 달가워하지 않습니다. 방법론적 자연주의를 마치 형이상학적 자연주의가 낳은 자식인 것처럼 여기면서, 방법론적 자연주의 지지자들을 무신론적이며 유물론적인 자연주의로 몰아간다는 판단 때문입니다. 반 틸은 이러한 판단을 제시하면서 만일 방법론적 자연주의가 조금이라도 자연주의적 세계관에 뿌리를 둔 과학적 방법론을 뜻한다면 단연코 방법론적 자연주의를 지지하지 않는다고 선언합니다.

반 틸과 마찬가지로 우종학은 방법론적 자연주의는 형이상학적 개념과 무관하며, 이것을 무신론적 자연주의와 관련지을 아무런 이유가 없다고 말합니다. 방법론적 자연주의에 따라서, 곧 자연적 원리만을 방법으로 삼아서 우주의 기원을 설명한다고 하여, 하나님께서 우주를 창조할 가능성이 부인되는 것이 아니라고 믿기 때문입니다. 우종학의 말은 방법론적 자연주의는 창조주 하나님이 계시다고 믿든지 아니면 하나님이 계시지 않다고 믿든지 그러한 형이상학적 주장과는 상관이 없는 중립적 가치를 지닌 과학적 방법이라고 주장합니다. 이러한 주장을 뒷받침하기 위하여 우종학은 이렇게 말합니다.

방법론적 자연주의는 신을 배제하는 것이 아닐세. 자연현상의 인과 관계가 어디서 기원했다고 생각하나? 크리스천 과학자들이 방법론적 자연주의를 사용하는 것은 그리스 신화에서처럼 변덕스럽게 자연현상에 간섭하는 신이 아니라, 원리와 법칙을 부여해서 합리적으로 움직이도록 자연을 창조한 합리적인 신을 가정하기 때문일세. (『무신론기자가 크리스챤 과학자에게 묻다』, 197)

어떻게 읽으셨나요? 얼핏 들으면 틀린 말이 없는 듯합니다. 크리스천 과학자들은 하나님께서 자연에 일정한 한도 내에서 규칙적으로 작용하는 원리와 법칙을 부여하셨음을 믿습니다. 그러한 믿음이 자연을 탐구하는 과학 활동을 하는 동력을 제공하며, 과연 그 믿음이 옳다는 것을 과학 활동을 통해 증명해온 많은 결과물이 있습니다. 그러므로 우종학은 자연현상을 연구할 때에는, 하나님의 초자연적 개입을 배제한 채, 마치 자연주의를 따르는 것처럼 연구하는 것이 아무런 문제가 없으며 도리어 마땅하다고 판단합니다. 이러한 판단에 기초하여, 우종학은 방법론적 자연주의가 가치중립적이라고 주장합니다.

그러나 우종학의 주장은 잘못된 것입니다. 우종학의 오류는 크게 세 가지 점에서 드러납니다. 첫 번째는 과학 방법론은 형이상학적 가정과 상관이 없다는 것이고, 두 번째는 첫 번째 오류에 근거하여 방법론적 자연주의는 중립적 가치를 가진 과학적 방법론이라는 주장과 관련한 오류입니다. 세 번째는 방법론적 자연주의가 성경에서 교훈하는 하나님의 창조와 섭리를 바르게 반영한다는 주장에 관련한 오류입니다.

먼저 첫 번째 오류는 우종학이 스스로 다음과 같이 진술한 것들에 의해서 드러납니다.

> 지금까지 수많은 우주의 신비가 과학을 통해서 그 인과관계가 밝혀졌다고 해서 모든 우주의 현상을 자연적 과정으로 설명할 수 있다고 가정하는 것이나, 어떤 현상이 아직까지 과학으로 밝혀지지 않았다고 해서 우주에는 자연적인 과정으로 설명 불가능한 부분이 있다고 가정하는 것이나 별반 다를 게 없지 않나? 양자 모두 형이상학적 가정일세. (『무신론기자가 크리스찬 과학자에게 묻다』, 195-96)

우종학은 두 가지를 가정합니다. 하나는 모든 우주의 현상은 자연적 과정으로 설명할 수 있다는 가정이고, 다른 하나는 우주에는 자연적인 과정으로 설명할 수 없는 부분이 있다는 가정입니다. 이 가정들은 우종학의 말대로 형이상학적 가정입니다. 그런데 여기서 잘 들여다보아야 할 점이 있습니다. 그것은 이 가정들이 형이상학적 가정이면서도 또한 방법론적 적용을 명시하고 있다는 사실입니다. 즉 우주의 현상을 자연적 과정으로 설명할 수 있다고 형이상학적 가정을 하는 과학자는 자연의 연구에 있어서 방법론적으로 자연주의를 따라갈 것입니다. 이 과학자는 초자연적인 원인을 고려하는 주장은 과학적 주장이 아니라고 할 것입니다. 반면에 우주의 현상 가운데 어떤 것은 자연적인 과정으로 설명할 수 없다는 형이상학적 가정을 하는 과학자는 자연 현상을 설명할 때 초자연적 원인에 의한 것이라는 판단을 내릴 수 있습니다. 이 과학자는 초자연적 원인에 의한 판단이 과학적 견해라는 데에 충분하다고 말할 것입니다. 이렇게 형이상학적 가정은 곧바로 방법론적 적용으로 연결됩니다. 다시 말해서 방법론적 적용은 형이상학적 가정과 분리되지 않습니다. 즉 형이상학적 가정이 없거나, 어떤 형이상학적 가정으로부터도 중립적인 방법론적 적용이란 없습니다. 이것은 앞서 인용한 우종학의 진술에서 보듯이 우종학 본인 스스로 인정하는 바입니다.

그런데 우종학은 방법론적 자연주의는 결코 형이상학적 가정과 결코 상관이 없으며, 가치중립적이라고 말합니다. 우종학의 두 번째 오류는 이 진술을 논증하는 과정에서 나타납니다. 우종학은 방법론적 자연주의는 창조주 하나님을 믿든지 아니면 하나님이 계시지 않다고 믿든지 그러한 형이상학적 주장과는 상관이 없는 중립적 가치를 지난 과학적 방법이라고 주장합니다. 이 주장은 앞서 살핀 바대로 형이상학적 자연주의가 방법론적 자연주의를 필연적으로 요구한다는 것이 참이라고 하여 그것의 역이 또한 참은 아니라는 주장에 호소합니다. 예를 들어 형이상학적 자연주의를 따르는 과학 방법론은 초자연적 원인을 배제하는 방법론적으로 자연주의를 요구한다고 하여, 방법론적 자연주의를 채택하는 과학 방법론이 반드시 형이상학적 자연주의에서 파생된 것은 아니라는 주장입니다. 이 말은 옳은 주장입니다. 그러나 우종학은 방법론적 자연주의가 형이상학적 자연주의가 아니라는 주장을 넘어서 아예 형이상학적 가정과 상관이 없는 가치중립적이라고 주장합니다. 우종학의 오류는 여기에 있습니다. 앞서 첫 번째 오류를 밝히며 설명한 바처럼, 방법론적 적용은 그것을 가능케 하는 형이상학적 가정을 전제하기 때문입니다.

만일 어떤 과학자가 방법론적 자연주의를 따라 자연 현상을 설명한다고 합시다. 그런데 이 과학자는 자신이 형이상학적 자연주의를 따르고 있지 않다고 주장합니다. 그렇다면 당연히 질문이 제기됩니다. 그러면 이 과학자에게 형이상학적 유신론을 따르냐고 묻게 될 것입니다. 이어서 그렇다면 어찌하여 자연에 대한 연구방법론으로 자연주의를 가정하는가로 묻게 될 것입니다. 우종학은 이 과학자를 대변하듯이 다음과 같이 말합니다.

> 보통 자연주의라고 할 때, 신을 배제하고 자연 세계만 존재한다고 보는 유물론처럼 무신론적 자연주의를 의미하는 경우가 많네. 하지만 과학은 어차피 자연 세계를 다루는 학문이니까 초월적 세계가 없다고 가정하든 별로 상관없다고 할 수도 있지. 더 중요한 문제는 '우주와 생명체의 기원이 과연 자연적인 방식으로, 다시 말해 과학으로 설명할 수 있는가' 하는 것이지. … 그러나 방법론적 자연주의는 신을 배제하는 것이 아닐세. 자연현상의 인과관계가 어디서 기원했다고 생각하나? 크리스천 과학자들이 방법론적 자연주의를 사

용하는 것은 그리스 신화에서처럼 변덕스럽게 자연현상에 간섭하는 신이 아니라, 원리와 법칙을 부여해서 합리적으로 움직이도록 자연을 창조한 합리적인 신을 가정하기 때문일세. (『무신론기자가 크리스찬 과학자에게 묻다』, 194, 197)

우종학의 진술은 그가 말하는 방법론적 자연주의와 관련된 형이상학적 가정이 무엇인지를 잘 보여줍니다. 하나는 우주와 생명체의 기원은 자연적인 방식으로 설명될 수 있다는 것입니다. 다른 하나는 앞의 가정의 이유로 하나님이 자연에 원리와 법칙을 부여해서 자연이 생명체의 기원이 되는 창조를 하셨다는 가정입니다. 우종학은 이 두 가지 형이상학적 가정에 근거하여 단언하기를 "과학은 어차피 자연 세계를 다루는 학문이니까 초월적 세계가 없다고 가정하든 별로 상관없다고 할 수도 있지"라고 합니다. 그러니까 우종학이 말하는 방법론적 자연주의는 하나님께서 우주 안에 생명체를 스스로 만들어내는 기능을 부여하셨고, 이 우주가 그 기능에 따라서 스스로 생명체를 만들어 내었다는 형이상학적 가정과 관련되어 있습니다.

이것은 가치중립적일까요? 한편으로 무신론적 자연주의자들이 보기에는 방법론적 자연주의는 일단 방법론적으로 자연주의를 표방함으로 유신진화론자들의 과학 방법론에 대해 이의를 달지 않을 것입니다. 그러나 이들이 보기에 유신진화론자들은 하나님이 창조주이시라는 불필요한 형이상학적 가정을 붙들고 있는 어색한 주장을 하는 셈입니다. 다른 한편으로 하나님께서 만물을 창조하실 때 초자연적 개입을 하셨기 때문에 우주의 현상 가운데 어떤 것은 자연적인 과정으로 설명할 수 없다는 형이상학적 가정을 하는 유신론적 창조론자로 보기에는 어떨까요? 유신론적 창조론자는 초자연적 원인의 작용을 부인하는 유신론적 진화론자들의 방법론적 자연주의를 가치중립적인 것으로 결코 인정하지 않습니다.

방법론적 자연주의와 관련하여 우종학이 범하고 있는 세 번째 오류는 방법론적 자연주의가 근거하는 형이상학적 가정이 성경의 교훈과 다르다는 점입니다. 우종학은 하나님이 자연에 원리와 법칙을 부여해서 자연이 생명체의 기원이 되는 창조를 하셨으므로 우주와 생명체의 기원은 초자연적 방식이 아니라 자연적인 방식으로 설명 가능할 뿐 아니라 초자연적 원인은 불필요하다는 형이상학적 가정을 합니다. 그러나 이러한 가정이 성경의 교훈과 다릅니다. 앞에서 말한 바처럼 하나님의 창조는 직접적인 창조이며, 우주를 구성하는 만물들을 만드신 창조입니다. 하나님의 창조는 단순히 우주에 창조 기능을 부여하신 '기능의 창조'만이 아닙니다. 창조는 하나님께서 직접 무로부터 우주와 그 안에 있는 만물을 만드신 것이므로, 만드신 만물의 기원은 자연적 원인으로 설명할 수가 없습니다.

요약해서 말하자면, 유신진화론이 주장하는 대로 방법론적 자연주의에 따라서 생명체의 기원을 오직 자연적 인과관계의 틀로만 해석해야 한다면, 방법론적 자연주의와 관련된 형이상학적 가정에 동의하여야 합니다. 그 가정은 하나님의 창조는 스스로 생명체를 우연한 방식으로 만들어 낼 수 있는 기능을 창조하셨고, 그 기능을 아직 어떤 물체도 갖추지 못한 자연에 주셨고, 그 기능을 받은 자연은 스스로 생명체를 만들어 냈다는 형이상학적 가설입니다. 이 가설은 성경의 가르침이 아닙니다. 방법론적 자연주의는 한편으로 자연에 창조의 기능을 주신 하나님을 믿으며, 다른 한편으로 생명체의 기원을 오직 자연적인 원인으로만 설명하여야 한다는 자연주의 방법론을 따릅니다. 이러한 형이상학적 가설은 성경적 근거가 없으며, 하나님께서 직접 만물을 종류대로 창조하신 사실을 왜곡합니다. 만물은 초자연적인 방식으로 창조된 것이지 자연적인 방식에 의한 것이 아닙니다.

12) 방법론적 자연주의가 유신론의 수호자?

유신진화론자들은 진화와 진화이론이 과학적으로 인정되고 있는 만큼, 진화와 진화이론을 배척하거나 거부하는 것은 잘못이라고 판단합니다. 진화론을 부인하는 것은 과학을 거부하는 것이며, 과학을 거부하는 것은 극단적인 신앙주의일 뿐이라고 주장합니다. 그러한 태도는 현대 과학시대에 유신론을 지키기는커녕, 오히려 무너뜨리는 나쁜 결과를 나을 뿐이라고 말합니다. 이러한 판단에 근거하여, 유신진화론자들은 하나님의 창조를 우주에 기능을 부여하시는 것으로 이해하고, 우주는 부여받은 기능으로 진화론이 가정하고 있는 대로 오늘에 이르렀다고 말하면서, 우주와 그 안에 생명체에 대한 연구하는 방법을 자연주의에 따라 할 것을 주장합니다. 유신진화론자들은 이러한 방법론을 방법론적 자연주의라고 말합니다. 유신진화론의 판단에 의하면, 방법론적 자연주의는 과학이 인정하는 진화와 진화이론을 그대로 인정하고 수용하면서도, 진화에 따라서 만물을 구성하는 기능을 창조하여 우주에 주신 하나님을 믿을 수 있는 길을 열어 줍니다. 그리고 자연주의 진화론자들의 무신론적 입장에 대항하여 성경의 유신론을 지키는 길이라고 믿습니다. 자연주의를 방법으로 받아들여서 무신론적 자연주의에 맞서서 유신론을 지키고자 하는 방법론에 대하여 여러분의 판단은 어떠하십니까?

필립 존슨(Phillip E. Johnson)의 판단은 유신진화론자들의 것과 다릅니다. 존슨은 유신진화론자들의 잘못된 판단을 경계합니다. 다시 말해서, 한편으로 진화론을 어떤 형이상학적 전제로부터 영향을 받지 않은 채 과학적으로 검증을 받은 것으로 인정하면서, 다른 한편으로 진화론을 과학적으로 받아들이는 방법론적 자연주의와 형이상학적 자연주의의 의미를 분리하면, 리차드 도킨스와 같은 무신론자들의 비판으로부터 유신론을 지켜낼 수 있다는 유신진화론의 판단은 심히 부족한 생각이라는 것이 존슨의 생각입니다.(Phillip E. Johnson, "Reflection 2," p. 269; (한역) p. 309-10) 존슨은 유신진화론자들이 표방하는 것처럼 방법론적 자연주의가 형이상학적 자연주의의 함의에서 자유롭지 않으며, 그렇기 때문에 방법론적 자연주의에서 신앙과 과학의 갈등을 해소하는 위로의 길을 찾는 것은 지혜롭지 않다고 비평합니다. 다음과 같은 존슨의 비평은 적절하며 올바릅니다.

> 유신론적 방법론적 자연주의 논리의 약점은, 과학이 계속해서 우주의 전 역사를 설명한다고 주장을 하고, 결국에 가서 결론적으로 모든 문제들에 대해 자연주의적 해법이 가능하다고 전제를 할 때, "방법론으로의 자연주의"와 "세계관으로의 자연주의"의 구별은 붕괴되고 만다는 사실이다. 자연주의적 과정들을 찾고자 하는 결정은 단순한 방법론일 수도 있지만, 그것들이 항상 존재한다는 확실성을 선험적으로 가지려면 실재(reality)에 대한 강력한 가정을 전제하여야만 한다. … 만일 누군가가 하나님께서 생명의 창조에 직접적으로 개입을 하셨을지도 모른다고 언급을 하면, 방법론적 자연주의자들은 그 생각을 "빈틈의 하나님"(God of the gaps)을 끼워 넣는 시도라고 경멸하며 업신여긴다. 만일 과학이 화학적 진화의 진정한 이론(true theory)을 발견하게 되기라도 하면, 빈틈의 하나님은 어쩔 수 없이 불신을 당하게 될 것이기 때문이다. 이러한 논리는 하나님의 개입이라는 가능성에 대한 질문을 과학적 조사 영역 밖의 것으로 취급하며 신앙의 문제로 만들어 버리며 자연주의를 허위로 입증할 수 없게 한다. ("Reflection 2," in *Three Views on Creation and*

Evolution, eds. J. P. Moreland and John Mark Reynolds, 272; (한역).
313)

존슨이 적절하게 비평하는 것은 방법론적 자연주의는 그것을
가능하게 하는 강력한 가정이 필요하다는 사실입니다. 얼핏 생각하
면 자연주의적 방법에 따라서 자연적 원인들로 만물의 기원을 설명
하겠다는 것이 단순히 방법론으로 여겨질지 모릅니다. 그러나 존슨
이 지적하는 바처럼, 그러한 방법론이 정당하려면 만물이 자연적
원인에 의하여 창조되었다는 강력한 형이상학적 가정을 전제로 하
여야 합니다. 그렇지 않으면 생명체의 창조를 자연적 원인으로 환
원하는 진화론이 정당할 수 없습니다. 아울러 그것을 지지하는 방
법론적 자연주의가 현재 설명하지 못하는 진화론의 빈틈을 마침내
자연주의 방법으로 설명할 수 있을 것이라는 확실성을 주장할 수
가 없습니다. 존슨은 만일 가정하여 유신진화론이 추구하는 바대로
방법론적 자연주의에 따라서 자연의 모든 생명체들의 기원을 설명
한다고 할 때, 남는 것은 결코 유신론이 아니라는 데에 존슨의 경고
가 있습니다. 만일 그렇게 된다면, 유신진화론이 주장하는 하나님
의 우주 창조는 의미를 잃게 되며, 결국 "방법론으로의 자연주의"
와 "세계관으로의 자연주의"의 구별은 붕괴되기 때문입니다. 그렇
게 되면, 유신론과 함께 가는 진화와 진화 이론은 무신론을 표방하
는 진화주의와는 다른 것이라고 유신진화론의 구별은 의미를 잃게
됩니다. 흥미롭게도 유신진화론은 자연주의 방법론으로 생명체의

기원을 설명하지 못하는 빈틈이 계속 존재하는 동안에만 존재할 수 있게 됩니다. 그 빈틈이 자연주의 방법론에 의하여 다 메워지는 순간에 유신진화론은 무신론적 진화론을 향해 할 말을 잃게 될 것입니다. 말하자면 유신진화론은 '빈틈의 하나님'을 조롱하지만, 실제로는 '빈틈의 하나님'이 계속 존재하는 동안에만 유신진화론도 생명을 유지하게 되는 것입니다.

더 나아가 유신진화론의 방법론적 자연주의는 하나님이 만물을 직접 창조하셨다는 어떠한 학문적 판단도 과학의 영역에서 몰아내는 데 있어 무신론적 자연주의와 손을 맞잡고, 결국에 자연주의가 잘못된 것임을 논증할 길을 막으며, 하나님의 개입에 의한 직접 창조를 신앙적인 것으로 돌리는 잘못을 범합니다. 존슨은 그 결과가 유신진화론자들의 순진한 기대와 다를 것이라고 경고합니다. 만일 기독교인들이 방법론적 자연주의가 하나님에 대한 신앙을 거스르지 않는다는 주장에 안도하고, 나중에 자연영역에서는 탐지되지 않는 통치자로 하나님을 다시 그려볼 여지가 있으려니 생각한다면, 그것은 지혜롭지 않은 생각입니다. 주의할 점은 방법론적 자연주의가 기독교 유신론이 지성적으로 흥미롭지 않으며 지지받을 증거도 없다는 결론을 암시하게 된다는 점입니다. 그렇게 될 때, 방법론적 자연주의는 자연주의가 대학들에 있어서 지배적인 철학으로 군림하도록 만들어 버리게 될 것이라는 존슨의 경고를 소홀히 해서는 안 됩니다.(Ibid., pp. 272-73; (한역) p. 314. Cf. *The Wedge of Truth*, 홍종락

역, 『진리의 쐐기를 박다』 (서울: 좋은 씨앗, 2005); idem., *Defeating Darwinism by Opening Minds*, 과기원 창조론 연구회 역, 『다윈주의 허물기』 (서울: 한국 기독학생회, 2000)

방법론적 자연주의가 결코 전제로부터 자유롭지 않다는 사실을 지적한 알빈 플란팅가(Alvin Plantinga)의 말도 귀담아 둘 필요가 있습니다. 유신진화론은 방법론적 자연주의가 가치중립적이기 때문에 과학 시대에 유신론을 지켜내는 과학 방법론이라고 주장합니다. 그러나 플란팅가는 이와 관련해서 방법론적인 자연주의가 마치 가치중립적인 주장처럼 여겨지는 까닭은 과학에 대한 대중적 이해 때문이라는 점을 지적합니다. 플란팅가는 "과학이 우리 자신과 세상에 대한 진리를 이해하고자 하는 시도에 있어서 차분하고, 합리적이며, 전혀 감정에 치우치지 않으며, 이데올로기나 도덕적 신념들이나 종교적 또는 신학적인 헌신들과는 완전히 무관하다"는 생각이 "계몽주의 이래로 민간에 널리 퍼져 있는 생각"이라고 분석합니다. 이러한 생각으로 인하여 방법론적 자연주의 또는 "잠정적 무신론"(provisional atheism)이 과학의 방법론적인 원리가 되어야 한다는 주장이 설득력 있게 들린다는 것입니다. 따라서 플린팅가는 과학의 중립성을 이유로 어떤 학문이 과학적이기 위해서는 하나님의 창조 활동을 고려해서는 안 된다는 방법론적 자연주의는 잘못된 가정 위에 있다고 비판합니다. 방법론적 자연주의 자체가 중립적이지 않은 것입니다.

플란팅가는 반 틸이 말하는 것과 같은 소위 '기능적 완전성'(functional integrity)이라는 신학적 전제도 방법론적 자연주의의 중립성을 지지하지 못한다고 논증을 합니다. 방법론적 자연주의는 오직 경험적 분야에 대해서만 말할 권리가 있을 뿐이며, 어떤 종교적이며 신학적 전제를 금지할 권리를 가지고 있지 못하다고 주장을 합니다. 방법론적 자연주의는 하나님께서 세상을 직접적으로 창조하셨다는 주장을 '과학 활동을 방해하는 것'(science-stopper)이라고 배척을 합니다. 그러나 플란팅가의 판단에 따르면 하나님께서 직접적으로 창조에 개입을 하셨다는 사실로 인하여 방해를 받는 것은 과학 활동 자체가 아닙니다. 하나님의 직접적인 창조가 방해하는 것이 있다면 그것은 우주가 창조된 것이 아니라 본래부터 있는 그대로 존재한다는 자연주의에 과학이 근거하여야 한다는 주장, 곧 방법론적 자연주의를 방해할 따름입니다.(Alvin Plantinga, "Methodological Naturalism 1," *Origin & Design Journal* vol 18 no 1; idem., "Methodological Naturalism 2," *Origin & Design Journal* vol 18 no 2를 볼 것. 이 논문들은 웹 사이트 www.arn.org/odesign에서 볼 수 있음)

결론적으로 존슨과 플란팅가의 주장이 유신진화론에 대한 평가와 관련하여 주는 유익은 무엇일까요? 그것은 방법론적 자연주의는 적어도 기원의 문제에 관하여 하나님의 직접적인 창조의 활동을 부정할 권리를 소유하고 있지 못하며, 또한 기원을 다루는 과학의 방법론으로서 부적절하다는 올바른 판단입니다. 유신진화론이 자연 현상의 설명과 관련하여 방법론적인 자연주의의 이름으로 하나님의 직접적인 개입을 고려하지 못하도록 막는 것은 근거가 없으며 또한 권한 밖이며, 마침내는 스스로 자연주의 안에 갇히는 잘못된 길로 나가는 것입니다.

13) 유신진화론자는 현대의 갈릴레오 갈릴레이인가?

유신진화론자들은 종종 자신들의 주장에 반대하는 교회의 목소리를 갈릴레오 갈릴레이를 비판했던 교회의 태도에 빗대어 말합니다. 갈릴레오는 코페르니쿠스의 지동설이 옳다는 것을 발견하고 지구가 태양 주위를 돌아야 말이 된다는 결론에 이르렀습니다. 오늘날 유신진화론을 가장 강력하게 선포하는 바이오로고스 재단의 설립자인 콜린스는 갈릴레오는 지동설의 결론으로 말미암아 가톨릭 교회와 정면으로 충돌하게 되었다고 말합니다. 물론 그는 교회가 갈릴레오를 박해하였다고 말하기에는 다소 과장된 점이 있다고 말합니다. 그러나 많은 신학계가 그의 결론을 충격으로 받아들인 것은 사실이며, 어떤 가톨릭 성직자는 갈릴레오의 주장은 이단이며 무신론적이라고 주장했다는 말을 덧붙입니다.

콜린스는 말하기를 현대 교회에서는 지동설이 아무런 문제가 되지 않는데, 어찌하여 당시 교회는 그토록 위협을 느꼈는지 의아하다고 하면서, 그 이유와 관련하여 일부 성경 구절을 문자적으로 해석하는 일에서 비롯되었다는 판단을 제시합니다. 예를 들어 콜린스는 다음의 구절들, 곧 "세계도 견고히 서서 흔들리지 아니하는도다,"(시 93:1) 또 "땅에 기초를 놓으사 영원히 흔들리지 아니하게 하셨나이다,"(시 104:5), "해는 뜨고 해는 지되 그 떴던 곳으로 빨리 돌아가고"(전 1:5)의 구절들을 열거합니다. 그리고 오늘날에는 이러한 구절들이 과학을 가르칠 목적으로 쓰였다고 주장하는 사람들이 없다고 덧붙여 말합니다. 이러한 전개는 마치 교회가 이러한 구절들을 문자적으로 해석하여 과학을 인정하지 않았다는 인상을 줍니다. 그리고 이어서 "지동설이 성경을 반박한다는 주장은 이제 과장된 주장으로 인식되고, 성경의 특정한 구절을 글자 그대로 해석하는 것도 정당성을 전혀 인정받지 못한다."고 씁니다. (『신의 언어』, 160) 이러한 진술은 마치 교회가 과학적 증거에 어긋나는 경우에 조차도 문자적 해석에 비상식적으로 고착되어 정당한 과학의 증거를 배척했다는 판단을 암시합니다.

그러나 갈릴레오의 경우를 보는 콜린스의 시각은 부정확합니다. 당시 카톨릭 교회가 지동설을 바로 받아들이지 않은 것은 반과학적인 교회의 태도 때문이 아니라, 지동설이 옳다는 과학적 증거를 아직 충분히 제시하지 못하였고, 그로 인하여 지동설의 근거가 당시의 과학자들을 설득하기에 부족하였기 때문입니다. 물론 당시 카톨릭 교회 내부에 있던 도미니칸 파와 예수회 사이에 있던 교권적 갈등, 그리고 작은 부분이기도 하지만 갈릴레오의 오만하고 급한 성격도 한 몫을 하여, 지동설에 대한 교회의 부정적 결정에 영향을 주었던 것은 사실입니다. 하지만 궁극적으로 지동설의 논쟁은 교회의 교권적 갈등의 해소로 인하여 해결된 것이 아니라, 바로 콜린스 자신이 말한 바처럼 결국에는 과학적 증거를 기반으로 해결되었습니다. 초점은 과학적 증거에 있습니다. 유신진화론을 지지하는 우종학은 이러한 사실을 반영하여 다음과 같이 옳게 말하였습니다.

> 그러니까 갈릴레오 재판은 과학적으로 우월함이 판명된 태양 중심설을 종교의 권위로 눌러 금지시킨 재판이라고 할 수 없다네. 다시 말하지만, 태양 중심서리 중심설이 지구 중심설보다 과학적으로 더 나은 이론이라는 것이 당시에는 충분히 입증되지 않았고, 그래서 아직 과학계가 충분히 받아들이지 않은 상태였기 때문이라는 거지. ... 그러니까 과학계는 태양 중심설을 지지하고 종교계는 지구 중심설을 지지하는 그런 양분화의 상황이 아니었단 말일세.(『무신론기자가 크리스찬 과학자에게 묻다』, 54, 55)

이러한 사실은 당대 카톨릭 교회의 교황 신학자이며 조언자이었던 벨라미누스(Robertus Bellaminus)가 코페르니쿠스의 지동설을 지지하던 포스카리니 신부에게 쓴 한 편지에 잘 나타납니다.

> 나아가서 나는, 만약 태양이 우주의 중심에 있으며, 따라서 태양이 지구의 주위를 도는 것이 아니라 지구가 태양의 주위를 돌고 있다는 참된 증거가 있다면, 그러한 과학의 증명에 모순되는 것처럼 보이는 성경을 설명할 때 조심스러운 필요가 있을 것이라고 말하겠

다. 그러나 나는 그런 증명이 있다고 생각지 않는데, 이는 아무도 나에게 그런 증명을 제시하지 않았기 때문이다.(Bellarmine, *Letter to Foscarini* in "Galileo Affair," *The Scientific American* (August 1982), 137:『갈릴레오 사건』, 찰스 험멜, 128에서 재인용)

지동설의 논쟁은 지동설을 과학적으로 참되게 증명할 수 있느냐에 있습니다. 그런 증명이 있다면, 교회는 반대할 이유가 없습니다.

그렇다면 창조론과 진화론의 논쟁은 어떻게 될까요? 콜린스는 종교와 진화론 사이의 현재의 대립도 이처럼 조화로운 결말을 볼 수 있겠느냐고 질문을 던집니다. 이 질문의 표현은 갈릴레오의 논쟁이 종교와 과학의 논쟁이라는 시각을 반영합니다. 그러나 정확히 말하면, 갈릴레오의 경우는 기존의 과학이론과 새로운 과학이론의 논쟁의 측면을 고려해야 합니다. 콜린스는 "진화와 신앙 사이의 논쟁이 지동설과 천동설 사이의 논쟁보다도 훨씬 더 어렵다"고 말합니다.(『신의 언어』, 161) 여기서 콜린스의 진술은 정확하지 않습니다. 지동설과 천동설은 각각 당대의 과학 이론이었다는 사실을 기억할 필요가 있습니다. 지동설과 천동설이 그런 것처럼, 오늘날 진화론도 이론이며, 또한 이에 반대하는 과학적 견해도 이론입니다. 그러면 콜린스가 한숨을 쉬며 말하듯이, 왜 진화론은 아직 대중의 논쟁을 해결하지 못했을까요? 콜린스는 이러한 질문을 통해서 마치 과학자의 전문 집단에서는 진화론이 확증되었지만, 다만 아직 대중의 논쟁에서만 여전히 논란이 되고 있다는 듯이 말합니다. 그러나 과학자의 전문 집단에서 진화론이 가설이 아니라, 콜린스가 믿고 싶은 바대로 중력의 법칙과 같은 법칙이라면, 이미 대중의 논쟁에서도 지동설이 그런 것처럼, 진화론은 승리를 거두었을 것입니다.

　왜 아직도 진화론이 논쟁을 피하지 못하고 있을까요? 다른 이유가 아닙니다. 성경의 문자적 해석을 고집하는 교회나 신학자들 때문이 아닙니다. 오히려 지동설이 천동설을 결국에 과학적 증거로 인정을 받은 것처럼, 진화론은 이것을 비판하는 주장을 물리치고 마침내 과학적 증거로 확증을 받지 못한 까닭입니다. 이것은 정말로 진화론이 진화론에 대한 과학적 이론들을 물리치고 과학적 증거에 의하여 과학계에서 법칙으로 인정받는다면, 교회는 성경의 특정한 문자적 해석 때문에 진화론을 반대하지 않을 것입니다. 진화론은 아직 과학적으로 입증되지 못한 가설일 뿐이며, 또한 과학적 원리를 거슬리는 문제점을 여전히 해결하지 못한 가설일 뿐입니다. 이러한 진화론에 기초하여 유신진화론을 주장하는 이들은 갈릴레오가 아닙니다.

.

성경적
창조론이
답이다

3부

유신진화론에 대한
성경적 비평

김병훈 교수

1) 성경적 창조론과 충돌하는 주장들

지금까지 살펴본 유신진화론이 주장하는 전형적인 전제들과 관련하여 콜린스는 다음과 같이 여섯 가지를 정리하여 제시합니다.

1. 우주는 약 140억 년 전에 무에서 창조되었다.
2. 확률적으로 대단히 희박해 보이지만, 우주의 여러 특성은 생명이 존재하기에 정확하게 조율되어 있다.
3. 지구상에 처음 생명이 탄생하게 된 정확한 메카니즘은 알 수 없지만, 일단 생명이 탄생한 뒤로는 대단히 오랜 세월에 걸쳐 진화와 자연선택으로 생물학적 다양성과 복잡성이 생겨났다.
4. 일단 진화가 시작되고부터는 특별히 초자연적으로 개입할 필요가 없어졌다.
5. 인간도 이 과정의 일부이며, 유인원과 조상을 공유한다.
6. 그러나 진화론적 설명을 뛰어넘어 영적 본성을 지향하는 것은 인간만의 특성이다. 도덕법(옳고 그름에 대한 지식)이 존재하고 역사를 통틀어 모든 인간 사회에서 신을 추구한다는 사실이 그 예가 된다. (『신의 언어』, 201)

이러한 전제들은 성경의 교훈과 심각한 충돌을 일으킵니다. 성경은 하나님께서 우주와 그 안에 있는 생물을 포함한 만물들을 6일 동안 직접 창조하셨다고 교훈하는 데에 반하여, 유신진화론은 생물이 오랜 세월에 걸쳐 진화와 자연선택으로 생겨났다고 말합니다. 또한 성경은 인간이 어떤 동물과도 다르게 하나님의 형상으로 창조되었음을 가르치는 데에 반하여, 유신진화론은 인간과 유인원은 공통조상에서 비롯되었다고 말합니다. 즉 인간은 인간을 낳은 선행인류, 곧 생물학적 부모가 있다고 주장합니다.

유신진화론자들의 이러한 주장이 창조에 대하여 성경이 설명하는 것과 어긋나는 사항들은 한 두 가지가 아닙니다. 웨인 그류뎀(Wayne Grudem)은 이와 관련하여 다음과 같이 열두 가지 사항을 열거합니다.

1. 아담과 하와는 최초의 사람이 아니었다. (어쩌면 존재조차 한 적이 없었다.)
2. 아담과 하와는 사람 부모에게서 태어났다.
3. 하나님은 흙에서 티끌을 취하여 아담을 창조하기 위하여 직접적으로 또는 특별하게 행하지 않으셨다.
4. 하나님은 아담의 옆구리에서 취한 갈비뼈로 하와를 직접 창조하지 않으셨다.
5. 아담과 하와는 무죄한 사람인 적이 없었다.
6. 아담과 하와는 사람의 첫 번째 죄를 짓지 않았다. 사람은 아담과

하와보다 훨씬 이전에 도덕적으로 악한 일을 행하여 왔다.

7. 사람의 죽음은 아담의 죄의 결과로 시작되지 않았다. 사람은 아담과 하와가 있기 훨씬 전에 존재하였고, 늘 죽게끔 되어 있었다.

8. 모든 사람들이 아담과 하와에게서 유래한 것이 아니다. 하나님께서 아담과 하와로 두 사람을 선택하셨을 때 지구에는 수천에 이르는 다른 사람들이 존재하였다.

9. 하나님은 "종류대로" 다른 물고기, 새, 그리고 지상 동물들을 창조하기 위하여 자연 세계에 직접적으로 행동하지 않으셨다.

10. 하나님은, 식물, 동물, 그리고 사람들이 지구에 등장한 이후, 창조사역에서 "안식"하거나 특별한 창조활동을 중단하지 않으셨다.

11. 하나님은 세상이 가시나 엉겅퀴와 같은 해로운 것들이 없는 안전한 환경이라는 의미에서 본래 "심히 좋은" 자연 세계를 결코 창조하지 않으셨다.

12. 아담과 하와가 죄를 범한 후에, 하나님이 저주를 세상에 내리시어, 자연 세계의 작용들에 변화를 일으키고 자연세계를 인류에 더 적대적인 것으로 만들어 버린 것이 아니다.(*Theistic Evolution*, 72-73, IL: Crossway)

유신진화론의 전제들이 성경적 창조론에 어긋나게 주장하는 이러한 사항들을 인정할 수 있을까요? 유신진화론은 하나님의 창조를 진화의 방식으로 국한시키기 위하여 성경의 가르침을 재해석하거나 거부하는 엄청난 신학적 파괴를 행합니다. 유신진화론은 단지 창조론에 대한 재해석을 요구하는 데에 그치지 않습니다. 유신진화론은 최소한 창세기 1-3장에 담긴 교훈들을 수정 또는 폐기할 것을 요구합니다.

　이에 합동신학대학원 대학교 교수진은 '성경적 창조론에 대한 선언문'을 발표하고 유신진화론을 배격하여야 할 열 가지 이유들을 제시하였습니다. 이것들은 다음과 같습니다. (전문을 위하여서는 부록을 참조할 것)

　1. 창세기 1-3장을 비유적이거나 풍유적으로 해석하는 유신진화론을 배격한다.
　　창세기 1-3장은 실제로 있었던 사건을 기록한 역사적 사실이다.

　2. 창세기 1-3장 기록의 역사적 사실성을 부인하면서 지구상의 생명체의 존재에 대해 성경이 언급하지 않는 진화론적 결론을 임의로 도출해 내는 유신진화론을 배격한다.
　　예수님과 신약의 기자들은 창세기 1-3장을 역사적 사실로 믿었으며, 이러한 성경의 내용은 하나님의 직접적 창조가 오류가 없는 진실임을 말한다. (마 19:4-6, 23:35; 눅 3:38, 11:51; 행 17:26; 롬 5:14; 고전 11:8, 15:22, 45; 딤전 2:13-14; 유 14. 참고구절 히 11:1-7, 12:24; 벧전 3:20; 벧후 2:5; 요일 3:12; 유 11)

　3. 창조와 복음에 관한 성경의 올바른 전통적인 신학을 허무는 유신진화론을 배격한다.

하나님의 직접적 창조에 대한 신앙은 성경의 계시에 일치하며, 교회의 전통적인 교리에 부합한다.

4. 무작위적인 무방향의 변이와 자연선택에 의해 생명이 출현하였다고 주장하는 유신진화론을 배격한다.
하나님께서는 자신의 뜻을 따라 말씀으로 우주와 그 안에 있는 모든 만물을 직접 창조하셨다. (창 1장)

5. 아담과 하와가 모든 인류의 조상이 아니라고 하며 아담과 하와 이전에 있던 선행인류에게서 육적인 몸을 받아 태어난 것이라는 유신진화론의 주장을 배격한다.
아담과 하와는 하나님께서 직접 창조하신 최초의 사람이다.
(창 1:26,27; 2:22)

6. 아담과 하와 이전에 있던 선행인류들은 아담과 하와가 범죄하기 이전에 이미 도덕적으로 악한 일을 행하였다고 주장하며, 아담과 하와는 무죄한 상태로 있었던 적이 없다고 말하는 유신진화론의 주장을 배격한다.
아담과 하와는 흠이 없는 순전한 상태로 창조되었으며, 아담과 하와는 첫 번째로 죄악을 행한 사람들이다. (창 3:6)

7. 아담과 하와의 범죄 이전에도 죽음은 이미 존재하였다고 하며,

아담과 하와 이전의 생물학적 조상인 선행인류도 죽도록 되어 있었고 실제로 죽었다는 유신진화론의 주장을 배격한다.

인류의 조상인 아담과 하와는 본래 죽도록 창조된 것이 아니다. 죽음은 아담과 하와의 죄악에 대한 하나님의 심판의 결과이다. (창 2:17)

8. 사람을 포함한 모든 생명체(식물과 동물)가 최초의 생명체인 어떤 공통조상으로부터 진화의 과정을 통해 출현하였다는 유신진화론의 주장을 배격한다.

모든 식물과 동물들은 하나님께서 "그 종류대로" 창조하신 피조물이다. (창 1:12, 21, 25)

9. 식물, 동물, 사람이 지구에 등장한 이후에도 새로운 생물의 종류가 계속해서 탄생하고 있다는 유신진화론의 주장을 배격한다.

하나님께서는 정확히 6일 동안 창조 사역을 진행하셨고 일곱째 날에 안식하셨기에, 새로운 종류의 생물을 창조하시는 그 이상의 창조 활동은 하지 않으셨다. (창 2:2)

10. 세계의 생존 환경이 본래에도 지금과 같았다는 유신진화론의 주장을 배격한다.

하나님께서 지으신 세계는 본래는 "(심히) 좋은" 것이었으나,

아담과 하와가 죄를 범한 후에는 인간에게 적대적인 것으로 변질되었다. (창 3:18, 19)

열 가지 이유들 가운데 아홉 가지는 성경의 해석과 교훈에 대한 것이고, 한 가지는 성경에 기초한 전통적인 신학에 대한 것입니다. 이 장에서는 차례로 성경적 창조론에 대한 합신 선언문을 하나씩 살피면서, 유신진화론을 배격하여야 할 아홉 가지 성경적 이유들을 제시하고, 이어서 전통적인 신학과 관련한 내용을 간단히 언급하겠습니다.

2) 창세기 1-3장이 역사적 기록임을 부인하는 문제

> **창세기 1-3장을 비유적이거나 풍유적으로 해석하는 유신
> 진화론을 배격한다.**
> 창세기 1-3장은 실제로 있었던 사건을 기록한 역사적 사실이
> 다. (합신 선언문 1항)

유신진화론을 배격하여야 할 첫째 이유는 그것이 창세기 1-3장을 비유적이거나 풍유적을 해석함으로 하나님의 창조사역이 실제로 있었던 사건임을 부인하기 때문입니다. 창세기 1-3장은 실제로 있었던 사건을 기록한 역사적 사실입니다. 먼저 기억할 것이 있습

니다. 그것은 창세기 1-3장은 비유나 풍유를 말하기 위한 시가 아니라 산문이라는 사실입니다. 이것은 히브리 시들과 비교하면 확연하게 나타납니다. 시편을 읽으면 잘 알 수 있듯이, 시들은 짧은 행들이 잇달아 나오면서 연을 구성하고 평행구조를 보여줍니다. 그런데 창세기 1-3장은 그러한 문학적 특징을 보여주지 않으며, 오히려 문법적 장치는 역사적 문헌임을 보여주는 특징들을 잘 갖추고 있습니다. 문장과 문장은 '그리고'를 뜻하는 접속사로 연속하여 연결되고 있습니다. 이러한 연결은 1장에서만 무려 51번이나 나타납니다. 또한 창세기 1-3장은 비유, 상징, 은유라고 할 어떠한 언어도 나타나지 않습니다. "저녁이 되고 아침이 되니"라는 구절이 반복되고 있다는 것은 1장이 시라는 것을 말해주지 않으며, 비유적이거나 비역사적임을 뜻하지도 않습니다. 예를 들어, 창세기 전체에서 "이것은 ... 의 족보/내력/계보를 적은 책이니라"(2:4; 5:1; 6:9; 10:1, 27; 25:12, 19; 36:1, 9; 37:2)라는 반복된 형식이 있지만 어떤 이도 이것 때문에 창세기를 시문으로 보지 않습니다. 창세기 1-3장이 산문이라는 중요한 사실은 창세기 첫 장들을 문자적으로 해석하지 않으려 하는 존 콜린스(C. John Collins)같은 학자조차도 창세기 1장을 가리켜 비유나 풍유를 전달하는 시는 커녕, '고상한 산문 기술'이라고 정의를 내림으로 창세기 1장이 시문이 아니라는 사실을 인정합니다.

창세기 1-3장을 역사적 사건에 대한 기술로 읽지 않는다면 그것은 본문 자체가 그러하기 때문이 아닙니다. 진화론적 틀에 따라서 그렇게 읽기로 작정을 하였기 때문입니다. 창세기 1-3장이 실제로 일어난 사건을 기록한 역사적 문헌이라는 것은 신약성경이 창세기 1-3장에 관련하여 언급하는 데에서 나타나는 이해나 이것에 기초하여 세워진 성경 전체에 걸친 기독교 교리와도 관련된 중요한 사실입니다. 또한 출애굽기 20장 8-11절 "안식일을 기억하여 거룩하게 지키라 엿새 동안은 힘써 네 모든 일을 행할 것이나 일곱째 날은 네 하나님 여호와의 안식일인즉 너나 네 아들이나 네 딸이나 네 남종이나 네 여종이나 네 가축이나 네 문안에 머무는 객이라도 아무 일도 하지 말라"에서 안식일 제도의 토대를 창조의 사건에 돌리는 것이나, 시 104편에서 회고하는 하나님의 창조 활동에 대한 반영은 창세기 1-2장의 내용을 역사적 사건의 기록으로 보고 있음을 보여줍니다.

3) 성경에서 진화론적 결론을 그릇되게 도출하는 오류

> **창세기 1-3장 기록의 역사적 사실성을 부인하면서 지구상의 생명체의 존재에 대해 성경이 언급하지 않는 진화론적 결론을 임의로 도출해 내는 유신 진화론을 배격한다.**
> 예수님과 신약의 기자들은 창세기 1-3장을 역사적 사실로 믿었으며, 이러한 성경의 내용은 하나님의 직접적 창조가 오류가 없는 진실임을 말한다.(마 19:4-6, 23:35; 눅 3:38,

　　유신진화론을 배격하여야 할 둘째 이유로 선언문이 제시하는
것은 유신진화론이 창세기 1-3장 기록의 역사적 사실성을 부인하
면서 지구상의 생명체의 존재에 대해 성경이 언급하지 않는 진화론
적 결론을 임의로 도출한다는 점입니다. 그러나 예수님과 신약의
기자들은 창세기 1-3장을 역사적 사실로 믿었으며, 이러한 성경의
내용은 하나님의 직접적 창조가 오류가 없는 진실임을 말합니다.
예를 들어 예수님께서 "사람을 지으신 이가 본래 그들을 남자와 여
자로 지으시고"(마 19:4)라고 하신 말씀은 창세기 2장이 역사적 사실
임을 말함과 동시에 하나님께서 사람을 진화가 아니라 창조에 의하
여 만드셨음을 확증합니다. 또한 고린도전서 11장 8절 "남자가 여
자에게서 난 것이 아니요 여자가 남자에게서 났으며"의 말씀은 창
세기 2장 21-23절에 있는 사건, 곧 아담에게서 하와를 특별히 창조
한 일에 근거합니다. 또 "남자가 여자를 위하여 지음을 받지 아니하
고 여자가 남자를 위하여 지음을 받은 것이니"(고전 11:9)라는 말씀
은 "여호와 하나님이 이르시되 사람이 혼자 사는 것이 좋지 아니하
니 내가 그를 위하여 돕는 배필을 지으리라 하시니라"(창 2:18)는 말
씀을 역사적 사실로 보는 근거 위에서 주어지는 교훈입니다. 이러
한 말씀들은 하나님께서 진화의 방식을 통하여 사람들 창조하셨다

는 유신진화론적인 암시를 결코 주지 않으며, 도리어 그러한 주장을 배격합니다.

4) 하나님의 직접 창조를 부인하는 오류

> **창조와 복음에 관한 성경의 올바른 전통적인 신학을 허무는 유신 진화론을 배격한다.**
> 하나님의 직접적 창조에 대한 신앙은 성경의 계시에 일치하며, 교회의 전통적인 교리에 부합한다.(합신 선언문, 3항)

셋째로 성경적 창조론 선언문은 하나님의 직접적인 창조를 부인하는 유신진화론을 배격합니다. 유신진화론은 방향성이 없는 무작위적인 변이와 자연선택에 의해 생명이 출현하였다고 주장합니다. 이러한 주장은 하나님께서 자신의 뜻을 따라 말씀으로 우주와 그 안에 있는 모든 만물을 직접 창조하셨다는 성경의 증언을 왜곡합니다. 이를테면 창세기 1장과 2장의 창조 활동을 표현하는 "이르시되" "보시기에 좋았더라" "생기를 코에 불어 넣으시니" "그를 위하여 돕는 베필을 지으리라" "아담에게서 취하신 그 갈빗대로 여자를 만드시고" 등의 구절은 신인동형론적 표현이지만 모두 제일 원인으로서 하나님의 초자연적인 직접 개입이 있었음을 말해줍니다.

반면에 유신진화론은 하나님의 창조가 오직 자연적인 인과관계에 의하여, 곧 제 2원인들에 의하여 이루어짐을 말하며, 어떠한 하나님의 초자연적인 개입을 인정하지 않습니다. 그러나 성경에서 말하는 창조는 '창조하다'를 뜻하는 동사 '바라'(ברא)의 용례를 통해서도 알 수 있듯이 "하나님의 명령으로 말미암아 이제껏 존재하지 않았던 것이 존재하게 되는 것"을 가리켜 말합니다. 이것은 매우 중요합니다. 성경의 창조 기사는 하나님께서 인간의 능력을 초월하는 창조적인 활동을 하셨다는 것을 말하며, 창조된 것은 물질에서 나올 수 없는 "새로움"(newness)에 있습니다. 바빙크가 지적하고 있듯이 '바라'(ברא)는 사람이 만드는 것에는 적용이 되지를 않았으며 항상 하나님께서 만드는 것을 가리켰습니다. 즉 하나님의 위대하신 활동과 능력에 의한 직접적인 창조를 표현합니다. (Herman Bavinck, *Gereformeerde Dogmatick* II, 박태현 역, 『개혁교의학』 2, 522, 서울: 부흥과개혁사, 2011)

5) 말씀에 의한 창조 방식과 의도적인 창조의 목적을 부인하는 오류

> **무작위적인 무방향의 변이와 자연선택에 의해 생명이 출현하였다고 주장하는 유신 진화론을 배격한다.**
> 하나님께서는 자신의 뜻을 따라 말씀으로 우주와 그 안에 있는 모든 만물을 직접 창조하셨다. (창 1장) (합신 선언문 4항)

넷째로 성경적 창조론은 무작위적인 무방향의 변이와 자연선택에 의해 생명이 출현하였다고 하는 주장을 배격합니다. 이러한 주장은 하나님께서는 창조를 자신의 선하고 기쁘신 뜻에 의하여 말씀으로 행하신 사실과 그 의미를 왜곡하거나 부인하기 때문입니다. 창세기 1장에 기록된 내용을 살펴보면, 하나님께서는 무에서 사물이 존재하도록 창조하실 뿐만 아니라, 그것들이 각각 행하여야 할 기능과 목적을 부여하셨음을 알 수 있습니다. 예를 들어, 하나님께서는 두 개의 큰 광명체를 만드신 후에 "그것들을 하늘의 궁창에 두어 땅을 비추게" 하셨습니다. 모든 사물을 용도에 따라 배정하시고, 그것들이 행할 기능도 정하셨습니다. 더 나아가 창조를 이루시면서 하나님께서는 계속적으로 보시기에 좋으셨다(창 1:4, 10, 12, 18, 21, 25, 31)고 하셨습니다.

이러한 말씀은 하나님의 창조사역이 단순한 우연적이거나 목적과 계획이 없이 되는 것이 아님을 분명하게 밝힙니다. 이것은 바로 목적을 이루는 수단인 창조의 방식이 결코 무작위적이거나 무방향적인 방식이 아니라는 것을 보여줍니다. 하나님께서는 말씀으로 창조를 하셨다는 것은 이러한 목적을 가지시고 의도적으로 창조를 이루셨음을 알려줍니다. 아울러 보시기에 좋았더라는 것은 창조에 의도와 목적이 아름답게 잘 이루어졌음을 뜻합니다. 로마서 1장 20절 "창세로부터 그의 보이지 아니하는 것들 곧 그의 영원하신 능력과 신성이 그가 만드신 만물에 분명히 보여 알려졌나니 그러므로 그들이 핑계하지 못할지니라"는 말씀은 하나님께서 만드신 창조질서는 창조주이신 하나님의 능력과 신성을 나타내고 있음을 말합니다. 만물 가운데 드러나는 하나님의 능력과 신성을 무엇으로 알 수 있을까요? 자연 세계 속에 드리워진 하나님의 능력과 신성을 아는 한 가지 방법은 만물을 운영하는 질서와 만물 속에 심어진 복잡하고도 특정한 정보를 통해 알 수 있습니다. 하나님의 지혜와 지식과 능력, 그리고 거룩함이 우주와 우주 안에 있는 만물과 그것들을 운행하는 정보를 가능케 하기 때문입니다. 이러한 것은 결코 무작위적인 무방향의 자연선택이라는 방식으로는 불가능합니다. 성경은 유신진화론의 주장을 명백하게 배격합니다.

아울러 염두에 두어야 할 것이 있습니다. 유신진화론자들은 무작위적이며 무방향적인 변이나 자연선택을 통해서 생명체가 출현하였다는 주장을 위하여 언제나 전제하는 것이 있습니다. 그것은 진화의 과정에 필수적인 전제로 개입되는 죽음의 문제입니다. 즉 자연선택이라는 것은 결국 죽음을 전제합니다. 그러나 하나님께서 세상을 만드시고 보기에 좋았더라고 하신 성경의 말씀은 창조하신 자연의 기능이 잘 되고 있다는 것만이 아니라, 윤리적으로 흠이 없는 하나님께서 내리시는 복 가운데 있음을 말한다는 것입니다. 만일 유신진화론자들이 주장하는 바처럼, 하나님께서 무작위적인 무방향의 자연선택의 방식을 통해 생명체가 존재하도록 하셨다면, 하나님께서는 동물들의 죽음을 창조 과정의 기능으로 활용하신 것이 됩니다. 이러한 주장은 어떠한 말로 설명을 시도해도 하나님께서 "보시기에 좋았다"고 하셨다는 말씀과 결코 조화를 이루지 못합니다. 이 문제와 관련해서는 합신 선언문 7항을 설명할 때 좀 더 언급하도록 하겠습니다.

6) 아담과 하와가 인류의 조상임을 부인하는 오류

> **아담과 하와가 모든 인류의 조상이 아니라고 하며 아담과 하와 이전에 있던 선행인류에게서 육적인 몸을 받아 태어난 것이라는 유신 진화론의 주장을 배격한다.**
> 아담과 하와는 하나님께서 직접 창조하신 최초의 사람이다.
> (창 1:26, 27; 2:22) (합신 선언문 5항)

다섯째로, 합신 선언문은 아담과 하와가 모든 인류의 조상이 아니라고 하며 아담과 하와 이전에 있던 선행인류에게서 육적인 몸을 받아 태어난 것이라는 유신진화론의 주장을 배격합니다. 성경은 아담과 하와가 하나님께서 직접 창조하신 최초의 사람임을 분명하게 밝히기 때문입니다.(창 1:26, 27; 2:22)

아담과 하와가 이미 존재하는 인간이나 선행인류들에게서 출생한 것이 아니라, 하나님께서 직접 특별하게 창조하셨으며, 아담과 하와 앞에 어떤 선행인류도 없다는 사실은 성경이 밝히고 있는 족보가 또한 잘 보여줍니다. 이를테면 누가복음은 다음과 같이 교훈합니다.

> 예수께서 가르치심을 시작하실 때에 삼십 세쯤 되시니라 사람들이 아는 대로는 요셉의 아들이니 요셉의 위는 헬리요 ... 그 위는 므두셀라요 그 위는 에녹이요 그 위는 야렛이요 그 위는 마할랄렐이요 그 위는 가이난이요 그 위는 에노스요 그 위는 셋이요 그 위는 아담이요 그 위는 하나님이시니라. (눅 3:23-37, 38)

누가복음 3장의 족보는 아담이 비단 예수님의 족보의 첫 조상임을 말할 뿐이 아닙니다. 예수님이 인성에 따라 아담과 연결이 되는 족보의 연결은 예수님의 구속 사역이 인류 전체에 대하여 의미를 갖는 것임을 보여주기 위한 것입니다. 이것은 사도행전 17장 26절 "인류의 모든 족속을 한 혈통으로 만드사 온 땅에 살게 하시고 그들의 연대를 정하시며 거주의 경계를 한정하셨으니"에서 보듯이 아담 이후의 온 인류는 한 혈통으로 연결되어 있음을 또한 말하고 있다는 사실에서 확인됩니다. 따라서 성경은 진화론적 결론을 이끌어내는 어떠한 시도도 배격하여야 할 것임을 분명하게 교훈하고 있음을 확고히 믿어야 할 것입니다. (참고구절: 마 19:4-6, 23:35; 눅 3:38, 11:51; 행 17:26; 롬 5:14; 고전 11:8, 15:22, 45; 딤전 2:13-14; 유 14. 참고구절 히 11:1-7, 12:24; 벧전 3:20; 벧후 2:5;요일 3:12; 유 11)

그런데 어떤 근거로 유신진화론자들은 아담과 하와 이전에 선행인류가 존재하였다고 말하는 것일까요? 이 질문에 대한 답으로 유신진화론자들은 창세기 1장의 창조와 창세기 2장의 창조가 서로 다른 사건들이라고 해석을 제시합니다. 2장은 아담과 하와의 창조를 말하되, 1장은 이들보다 먼저 있던 사람이라는 종의 창조를 말한다는 것입니다. 그리하여 아담과 하와는 인류의 첫 조상이 아니라고 주장합니다. 이러한 주장을 위하여 유신진화론자들은 창세기 1장에 있는 한 주간 동안의 진행되는 사실과 창세기 2장 5절이 서로 조화를 이루지 못한다는 관찰을 제시합니다. "들에는 초목이 아직 없었다"는 5절의 말씀이 셋째 날에 식물이 창조되었다고 말하는 1장 11-12절과 어긋난다는 것입니다.

그러나 2장 5절은 땅에 아직 초목 자체가 없었다는 것이 아니라 아직 싹이 나지 않았다는 것을 뜻합니다. 2장 5절의 말씀은 셋째 날에 창조된 식물이 앞서 있었다는 사실을 부인하지 않습니다. 2장 5절에서 들에 초목이 아직 꽃을 피우고 싹을 내지 않고 있었던 까닭은 5절이 말하고 있는 바대로 "땅을 갈 사람이 없었기" 때문입니다. 따라서 1장의 창조 사건과 2장의 아담과 하와의 창조 사건은 서로 다른 창조를 말하는 것이 아닙니다.

따라서 전통적인 해석에 있어서 2장 4절 이하는 아담과 하와 그리고 창조의 여섯째 날에 대해 특별히 초점을 맞춘 세부적인 설명으로 이해를 합니다. 1장과 2장이 서로 차이가 나는 특징이 없는 것은 아닙니다. 그러나 그 차이점들은 두 창조 기사가 서로 다른 창조를 말하는 것이 아닙니다. 1장은 콜린스(C. John Collins)가 '고상한 산문 기술'이라고 일컬은 정교한 구조 안에서 반복되는 소재를 가지고 있는 반면에, 2장 이하는 보통의 역사적 산문 기술이라는 점에서 차이가 납니다. 또 내용에 있어서 1장 1절에서 2장 3절은 우주 창조를 넓게 바라보는 관점인 반면에, 2장 4절 이하는 에덴 동산에 초점을 두고 있습니다. 이러한 관점은 2장 3절까지에서 하나님의 이름은 엘로힘으로만 36번 나타납니다. 엘로힘은 우주적인 초월성을 드러냅니다. 반면에 2장 4절에서 24절까지 나타나는 하나님의 이름은 여호와 엘로힘이며 11번 나타납니다. 여호와 엘로힘은 엘로힘이신 하나님이 이스라엘의 언약의 하나님이심을 알려줍니다.

2장 3절 이전의 단락을 시작하는 1장 1절은 "하늘과 땅"을 만드셨음을 말하는 반면에, 2장 4절 이하의 단락을 시작하는 4절은 "땅과 하늘을 만드시던 날에"라는 표현으로 하나님의 창조 행위와 관련하여 전자는 우주 창조에 있어서 하늘을 중심에 두고, 후자는 특별히 에덴 동산과 그 안에 있는 사람에게 초점을 두고 있음을 보여줍니다. 결국 1장 1절부터 2장 3절의 단락과 2장 4절부터 3장 24절까지의 단락은 둘 다 역사적 서술로서 하나님의 창조의 다른 측면을 밝혀줍니다. 전자는 우주라는 큰 그림을 보여주는 반면에, 후자는 아담과 하와의 첫 창조에 대한 특정한 내용을 부각시키고 있습니다. 따라서 아담과 하와가 인류의 첫 조상이 아니라는 유신진화론의 주장은 심히 잘못된 것이며, 배격되어야 합니다.

7) 아담과 하와 이전에 도덕적으로 타락한 선행인류가 있었다는 잘못된 가정

> **아담과 하와 이전에 있던 선행인류들은 아담과 하와가 범죄하기 이전에 이미 도덕적으로 악한 일을 행하였다고 주장하며, 아담과 하와는 무죄한 상태로 있었던 적이 없다고 말하는 유신 진화론의 주장을 배격한다.**
>
> 아담과 하와는 흠이 없는 순전한 상태로 창조되었으며, 아담과 하와는 첫 번째로 죄악을 행한 사람들이다. (창 3:6) (합신 선언문 6항)

여섯째로, 선언문은 아담과 하와 이전에 있던 선행인류들이 아담과 하와가 범죄하기 이전에 이미 도덕적으로 악한 일을 행하였다고 주장하며, 아담과 하와는 무죄한 상태로 있었던 적이 없다고 말하는 유신진화론의 주장을 배격합니다. 유신진화론에 따르면 아담과 하와 이전에 존재한 선행인류들은 그들의 계산에 따라서 수 만년 동안 죄악을 행하였습니다. 이러한 주장은 아담과 하와가 흠이 없는 순전한 상태로 창조되었으며, 아담과 하와는 첫 번째로 죄악을 행한 사람들이라는 성경의 교훈을 완전히 부정합니다. 성경은 아담과 하와의 죄악이 뱀의 미혹에서 시작되었음을 보여줍니다.(창 3:1-6) 범죄를 한 이후에 하나님께서 아담과 하와를 에덴에서 내쫓는 것이나(창 3:16-24), 가인이 아벨을 살해하고(창 4:8), 또 라멕이 상처를 입은 것에 대한 복수심으로 살인죄를 범하는 등(창 4:23) 죄가 확산되어가는 양상을 기록하고 있는 성경은 아담과 하와에게서 죄가 시작되었음을 분명하게 교훈합니다.

뿐만 아니라 유신진화론의 주장은 로마서 5장 12절 "그러므로 한 사람으로 말미암아 죄가 세상에 들어오고 죄로 말미암아 사망이 들어왔나니 이와 같이 모든 사람이 죄를 지었으므로 사망이 모든 사람에게 이르렀느니라"는 말씀과 정면으로 충돌합니다. 이 말씀은 다시 그리스도와 연결이 되므로 매우 중요합니다. 로마서 5장 17절 "한 사람의 범죄로 말미암아 사망이 그 한 사람을 통하여 왕 노릇 하였은즉 더욱 은혜와 의의 선물을 넘치게 받는 자들은 한 분 예수 그리스도를 통하여 생명 안에서 왕 노릇 하리로다"에서 보듯이, 아담의 범죄는 그리스도의 의의 순종과 대조를 이룹니다. 더 나아가 고린도전서 15장 20-22절 "그러나 이제 그리스도께서 죽은 자 가운데서 다시 살아나사 잠자는 자들의 첫 열매가 되셨도다 사망이 한 사람으로 말미암았으니 죽은 자의 부활도 한 사람으로 말미암는도다 아담 안에서 모든 사람이 죽은 것 같이 그리스도 안에서 모든 사람이 삶을 얻으리라."는 말씀은 아담의 범죄와 죽음을 그리스도의 부활과 대조를 합니다. 이러한 모든 말씀은 아담이 실제로 무죄한 상태에서 창조되어 범죄하지 않았다면, 그리스도의 의의 순종과 부활의 역사성도 역시 훼손되는 관계를 보여줍니다. 아담과 하와는 본래 죄인이었던 것이 아닙니다.

8) 아담과 하와의 범죄 이전에도 죽도록 되어 있었다는 잘못된 주장

> **아담과 하와의 범죄 이전에도 죽음은 이미 존재하였다고 하며, 아담과 하와 이전의 생물학적 조상인 선행인류도 죽도록 되어 있었고 실제로 죽었다는 유신 진화론의 주장을 배격한다.**
> 인류의 조상인 아담과 하와는 본래 죽도록 창조된 것이 아니다. 죽음은 아담과 하와의 죄악에 대한 하나님의 심판의 결과이다. (창 2:17) (합신 선언문 7항)

일곱째로, 선언문은 아담과 하와의 범죄 이전에도 죽음은 이미 존재하였다고 하며, 아담과 하와 이전의 생물학적 조상인 선행인류도 죽도록 되어 있었고 실제로 죽었다는 유신진화론의 주장을 배격합니다. 인류의 조상인 아담과 하와는 본래 죽도록 되어 있었던 것이 아닙니다. 죽음은 아담과 하와의 죄악에 대한 하나님의 심판의 결과입니다. 앞서 살펴 본 로마서 5장 12절 "그러므로 한 사람으로 말미암아 죄가 세상에 들어오고 죄로 말미암아 사망이 들어왔나니 이와 같이 모든 사람이 죄를 지었으므로 사망이 모든 사람에게 이르렀느니라"는 말씀이 교훈하듯이 사망은 아담의 죄로 인하여 들어온 것입니다. 하나님께서 아담에게 "선악을 알게 하는 나무의 열매는 먹지 말라 네가 먹는 날에는 반드시 죽으리라"(창 2:17)고 하신 말씀은 아담에게 있어서 죽음이 본래 당하게 되어 있는 것이 아니라, 명령에 대한 불순종으로 인해 주어지는 형벌임을 말해줍니다.

만일 유신진화론의 주장처럼 자연세계에 죽음이 아담과 하와의 범죄와 상관없이 이미 있어야 하는 필수적인 것이라면, 창세기 1장 31절 "하나님이 지으신 그 모든 것을 보시니 보시기에 심히 좋았더라 저녁이 되고 아침이 되니 이는 여섯째 날이니라"는 말씀이 납득하기 어려운 말씀이 됩니다. 본래 죽어야 할 자로 아담과 하와를 만드시고 이를 보시기에 좋았다고 말씀하신 것이 되기 때문입니다. 만일 죽음이 필수적이라는 진화론의 주장이 옳으려면, 두 가지 전제가 필요합니다. 하나는 하나님께서 죽음 자체를 축복이나 저주와 상관이 없는 중립적인 것으로 보신다는 전제입니다. 다른 하나는 기능적으로 효용성이 인정된다면 그것은 '보시기에 좋은' 것으로 보신다는 전제입니다.

그런데 성경은 죽음에 대해 어떻게 교훈하나요? 로마서 8장 19-22절에는 피조물의 탄식이 표현되고 있습니다. 그 까닭은 '허무한 데 굴복'하는 것 때문이며, '썩어짐에게 종노릇'하는 것 때문입니다. 이것들은 모두 피조물에게 주어진 저주의 결과로 죽음을 포함합니다. 신명기 30장 19절 "내가 오늘 하늘과 땅을 불러 너희에게 증거를 삼노라 내가 생명과 사망과 복과 저주를 네 앞에 두었은즉 너와 네 자손이 살기 위하여 생명을 택하고"의 말씀에서 보듯이, 죽음은 생명과 대조를 이루는 것이며 복이 아니라 저주입니다. 그러하기에 죽음은 오직 사람에게만 저주가 되는 부정적인 것이며 동물들에게는 가치중립적인 것이라고 말할 수 없습니다. 하나님께서 이스라엘에게 안식일을 지킬 것을 명령하시면서, 일을 쉬어야 할 의무와 안식일의 복누림을 비단 이스라엘뿐만 아니라 함께 하는 짐승에게도 주라고 명령하신 출애굽기 20장 10절의 말씀은 짐승에게도 육체의 수고와 고통은 해방이 되어야 할 죄악의 저주로 나타난 결과인 것이 분명합니다.

그러므로 "보시기에 좋았다"는 하나님의 말씀은 단지 기능성을 보시고 말씀하신 것이 결코 아닙니다. 언뜻 생각하기에 기능적 효용성과 관련하여 죽음을 포함하고 있는 세계를 창조하시고 "좋았다"고 말씀을 하셨다는 주장은 그럴 듯하게 여겨질 수 있으나, 이것은 두 가지 점에서 하나님을 잘못 이해하고 있으며 완전히 잘못된 것입니다. 첫째로 이러한 주장은 하나님이 윤리적으로 선하실 뿐만 아니라, 또한 기능적으로도 선하신 분이시라는 사실을 간과합니다. 하나님에게 있어서 윤리적 선과 기능적 선은 비분리적인 특성을 가집니다. 어떤 일이든지 그것은 하나님의 목적에 잘 부합이 된다는 측면에서 기능적 선을 가질 뿐만 아니라, 그 일은 그 일의 행위자이신 하나님께서 최고의 선이시며 모든 선의 근원이시라는 사실과 관련하여 절대적 의미의 윤리적 선을 갖는 법이기 때문입니다.

둘째로 창조와 관련하여 '보기에 좋았더라' 하신 말씀은 후에 타락한 세상과 비교하여 윤리적 선의 의미를 우선적이며 핵심적인 내용으로 전달하고 있다는 사실을 보지 못하고 있는 해석학적 오류입니다. 창세기 6장 5-7절에 이르면 하나님께서 사람을 지으신 것을 한탄하시는 장면이 나옵니다. 그리고 그 까닭이 하나님의 창조의 목적을 이루지 못하는 기능적 악의 측면과 더불어, 윤리적 악 때문임을 말씀하고 있습니다. 곧 사람의 죄악이 세상에 가득하고 그의 마음으로 생각하는 모든 계획이 항상 악할 뿐이기 때문이라고 교훈하고 있습니다. 그리고 이에 대한 심판으로 하나님께서는 사람들을 이 세상에서 쓸어버리실 것이며 그 대상에는 윤리적 악을 행한 사람들만이 아니라 가축과 기는 것과 공중의 새까지 포함시키심으로써 본격적인 죽음의 심판을 행하실 것을 말씀하셨습니다. 그 심판의 내용은 죽음이었고, 그 범위는 전면적이며 보편적이었습니다. 이것은 죽음이란 그것이 개인적이든지 보편적이든지 윤리적 악에 대한 하나님의 심판에서 비롯되는 것임을 말해줍니다. 따라서 무작위적인 무방향의 변이와 자연선택에 의해 죽음의 행렬을 거쳐서 생명체가 출현하였으며 지금도 출현하고 있다고 주장하는 유신진화론은 배격되어야 합니다. 아울러 인류의 조상인 아담과 하와는 본래 죽도록 창조된 것이 아니며, 죽음은 아담과 하와의 죄악에 대한 하나님의 심판의 결과라는 사실을 확고히 하여야 합니다.

9) 생명체들이 공통조상에서 나왔다는 잘못된 주장

> 사람을 포함한 모든 생명체(식물과 동물)가 최초의 생명체인 어떤 공통조상으로부터 진화의 과정을 통해 출현하였다는 유신 진화론의 주장을 배격한다.
> 모든 식물과 동물들은 하나님께서 "그 종류대로" 창조하신 피조물이다. (창 1:12, 21, 25) (합신 선언문 8항)

여덟째로, 선언문은 사람을 포함한 모든 생명체(식물과 동물)가 최초의 생명체인 어떤 공통조상으로부터 진화의 과정을 통해 출현하였다는 유신진화론의 주장을 배격합니다. 모든 식물과 동물들은 하나님께서 "그 종류대로" 창조하신 피조물입니다. 성경을 보겠습니다.

하나님이 이르시되 땅은 풀과 씨 맺는 채소와 각기 종류대로 씨 가진 열매 맺는 나무를 내라 하시니 그대로 되어 땅이 풀과 각기 종류대로 씨 맺는 채소와 각기 종류대로 씨 가진 열매 맺는 나무를 내니 하나님이 보시기에 좋았더라. 저녁이 되고 아침이 되니 이는 셋째 날이니라 ... 하나님이 큰 바다 짐승들과 물에서 번성하여 움직이는 모든 생물을 그 종류대로, 날개 있는 모든 새를 그 종류대로 창조하시니 하나님이 보시기에 좋았더라 ... 저녁이 되고 아침이 되니 이는 다섯째 날이니라. 하나님이 이르시되 땅은 생물을 그 종류대로 내되 가축과 기는 것과 땅의 짐승을 종류대로 내라 하시니 그대로 되니라. 하나님이 땅의 짐승을 그 종류대로, 가축을 그 종류대로, 땅에 기는 모든 것을 그 종류대로 만드시니 하나님이 보시기에 좋았더라 ... 하나님이 지으신 그 모든 것을 보시니 보시기에 심히 좋았더라 저녁이 되고 아침이 되니 이는 여섯째 날이니라. (창 1:11-13, 21, 24-25)

성경은 하나님께서 자연 안에 있는 생물체를 "각기 종류대로," "그 종류대로" 만드셨음을 밝히고 있습니다. 뿐만 아니라 하나님께서는 생물체를 종류대로 만드시면서 또한 창조하시는 날을 달리하셨음을 말씀합니다. 즉 하나님께서는 생물체를 종류대로 만드실 때 각 종류별로 만드시는 날을 달리하시어 창조의 행동을 구별하셨습니다. 이러한 창조의 설명은 각 생물체가 서로 진화의 과정을 통하여 연계되었다는 유신진화론의 주장을 전혀 지지하지 않습니다. 시편 104편의 말씀은 하나님께서 각 생물체들을 자신의 지혜로 지으셨다고 찬양합니다.(24-25절) 이 시편이 찬송하는 하나님의 지혜는 각 생물체가 서로 연계되어 나타나는 진화의 방식을 말하지 않습니다. 생물체를 만드신 하나님의 지혜는 창세기 1장이 가르치고 있는 창조를 말하는 것 외에 다른 것일 수가 없기 때문입니다. 이 하나님의 지혜는 하나님께서 생명을 만들어내는 창조의 속성을 물질에 부여하시는 것을 말하지 않습니다.

"여호와여 주께서 하신 일이 어찌 그리 많은지요 주께서 지혜로 그들을 다 지으셨으니 주께서 지으신 것들이 땅에 가득하니이다 거기에는 크고 넓은 바다가 있고 그 속에는 생물 곧 크고 작은 동물들이

무수하니이다" (시 104:24-25)

10) 지금도 생명체가 계속 만들어지고 있다는 잘못된 주장

> **식물, 동물, 사람이 지구에 등장한 이후에도 새로운 생물의 종류가 계속해서 탄생하고 있다는 유신 진화론의 주장을 배격한다.**
> 하나님께서는 정확히 6일 동안 창조 사역을 진행하셨고 일곱째 날에 안식하셨기에, 새로운 종류의 생물을 창조하시는 그 이상의 창조 활동은 하지 않으셨다. (창 2:2) (합신 선언문 9항)

아홉째로, 식물, 동물, 사람이 지구에 등장한 이후에도 새로운 생물의 종류가 계속해서 탄생하고 있다는 유신진화론의 주장을 배격합니다. 하나님께서는 정확히 6일 동안 창조 사역을 진행하셨고 일곱째 날에 안식하셨기에, 새로운 종류의 생물을 창조하시는 그 이상의 창조 활동은 하지 않으셨습니다. (창 2:2)

유신진화론자들은 하나님께서 만물을 '창조하셨다'는 표현보다 하나님께서 만물을 '창조하신다'는 표현을 좋아합니다. 지금도 하나님께서 여전히 창조 사역을 행하시고 계시다고 주장하며 '계속된 창조'(Creatio continua)라는 용어를 제시합니다. 얼핏 들으면 별 문제 없는 말처럼 들릴 수 있습니다. 일단 지금도 새로운 종의 생물이 등장한다고 생물학자들이 말하고 있으며, 적어도 한 생물체에게서 변이의 현상이 인정되기 때문입니다. 그러나 두 가지 점에 유의하여야 합니다. 하나는 이러한 새로운 종의 출현이나 변이의 현상은 결코 하나님께서 종류대로 창조하신 사실을 부정하지 않는다는 것입니다. 즉 이러한 새로운 종의 출현이나 변이의 현상은 하나님께서 창조하신 종류 안에서 일어나는 변화들일 뿐입니다. 그러므로 그것은 말 그대로 변이일 뿐이며, 결코 창조현상이 아닙니다. 또 다른 하나는 유신진화론은 하나님에 의한 직접적인 창조를 인정하지 않는다는 사실입니다. 그들이 '계속되는 창조'라는 말을 사용할 때, 그들은 하나님께서 만물을 창조하셨고, 그 후에도 여전히 창조하시고 계시다는 하나님의 창조를 말하지 않습니다. 그들이 말하는 '계속된 창조'는 제 2원인인 자연 안에 있는 어떤 속성이나 성질로 말미암아 자연 스스로 자신을 조직화하고 전개해가는 진화의 과정을 말할 따름입니다.

신학자들이 '계속된 창조'라는 용어를 바르게 사용할 때, 그것의 의미는 자연 스스로 자신을 만들어가는 유물론적이거나 자연주의적 관점을 조금도 반영하지 않는다는 사실을 유의해야 합니다. 신학자들이 말하는 '계속된 창조'는 그것이 하나님의 섭리 활동을 가리킵니다. 창조하신 만물을 창조하신 직후로부터 계속적으로 만물을 보존하시므로 유지하시는 하나님의 사역을 가리켜서 '계속된 창조'라고 말합니다. 그런데 창조가 완성이 되고 만물의 보존이 시작되는 시점 사이에 어떠한 시간적 간격도 있을 수가 없습니다. 만일 간격이 있다면 창조 이후에 피조물이 스스로 존재하는 것이 되기 때문입니다. 스스로 존재하는 피조물은 없습니다. 스스로 존재하시는 분은 오직 하나님 한 분입니다. 그러므로 창조의 사역과 보존하시는 섭리의 사역은 개념적으로 구별되지만, 시간적으로 실행에 있어서 분리되지 않는 연속적인 하나님의 사역이라는 특징을 가집니다. 이러한 특징을 반영하여 하나님의 보존의 섭리 사역을 '계속된 창조'라고 일컫기도 했습니다. 그러므로 이러한 '계속된 창조'라는 개념이 유신진화론을 결코 지지하지 않습니다.

그러므로 "하나님이 그가 하시던 일을 일곱째 날에 마치시니 그가 하시던 모든 일을 그치고 일곱째 날에 안식하시니라"(창 2:2)의 말씀은 창조는 완성되었으며, 이제 창조하신 여섯 날 이후로 어떠한 창조도 계속되지 않고 있다는 것을 안식이라는 말씀으로 교훈하고 있음에 주목해야 합니다.

11) 창조 때의 자연 질서가 지금과 같았다고 주장하는 오류

세계의 생존 환경이 본래에도 지금과 같았다는 유신 진화론의 주장을 배격한다.
하나님께서 지으신 세계는 본래는 "(심히) 좋은" 것이었으나,

아담과 하와가 죄를 범한 후에는 인간에게 적대적인 것으로 변질되었다. (창 3:18, 19)

열째로, 선언문은 세계의 생존 환경이 본래에도 지금과 같았다는 유신진화론의 주장을 배격합니다. 창세기를 보면 하나님께서 지으신 세계는 본래는 "(심히) 좋은" 것이었으나, 아담과 하와가 죄를 범한 후에는 인간에게 적대적인 것으로 변질되었다는 것을 쉽게 알 수 있습니다.(창 3:18, 19) 그럼에도 유신진화론자들은 왜 이러한 주장을 하는 것일까요? 가장 중요한 이유는 동물들 간의 포식관계에 대한 인정이 진화론을 위하여 필수적이기 때문입니다. 성경에서 알 수 있는 첫 창조의 상태, 곧 아담과 하와가 타락하기 이전의 상태에 대해 전통적으로 교회는 종말에 도래할 새 하늘과 새 땅의 상태와 연속성이 있을 것으로 생각합니다. 즉 현재는 첫 창조의 복된 질서가 죄의 심판의 결과로 비참한 상태이며, 재창조의 영광은 현재의 상태에서 죄의 결과를 완전히 제거하고 새롭게 하시는 상태에 있다고 생각합니다. 이러한 맥락에서 유신진화론자들은 비록 종말의 축복의 상태에서는 동물들 간의 포식 상태가 사라진 것으로 성경이 묘사하고 있지만, 이것을 근거로 첫 창조 때에도 포식 상태가 없었던 것으로 생각하지 말아야 한다고 주장합니다.

어떻게 평가를 하여야 할까요? 종말의 상태를 그리고 있는 이사야 11장 6-8절의 말씀은 다음과 같이 기록되어 있습니다.

그 때에 이리가 어린 양과 함께 살며 표범이 어린 염소와 함께 누우며 송아지와 어린 사자와 살진 짐승이 함께 있어 어린 아이에게 끌리며 암소와 곰이 함께 먹으며 그것들의 새끼가 함께 엎드리며 사자가 소처럼 풀을 먹을 것이며 젖 먹는 아이가 독사의 구멍에서 장난하며 젖 뗀 어린 아이가 독사의 굴에 손을 넣을 것이라

이사야 11장 6-8절의 말씀이 단순히 첫 창조를 그리고 있는 것이 아니라 종말론적 축복의 상태를 그리고 있다는 주장은 옳은 주장입니다. 그러나 종말의 축복을 그리는 성경의 본문이 동물들 간의 포식의 상태가 사라진 것을 그리고 있기 때문에, 첫 창조의 상태에는 이와 반대로 오히려 동물간의 포식관계가 없었다고 보기는 어렵습니다. 성경에서 말하는 지극히 복되며 영광스러운 종말의 상태는 죄로 인하여 첫 창조의 복됨을 상실한 저주의 상태에서의 해방을 의미한다는 것을 잊지 말아야 합니다. 즉 종말의 상태에 대한 묘사들은 첫 창조의 상태에 대한 어떤 암시보다 오히려 타락의 상태가 어떠한지를 보다 더 이해할 수 있도록 말해줍니다. 종말의 상태에서 포식관계가 사라진 것을 묘사하고 있는 것은 포식관계라는 불행한 저주의 상태가 타락으로 인한 것임을 말해주는 것입니다.

물론 종말의 묘사는 단순히 타락하기 이전의 상태에로 복귀하는 것이 아니라, 훨씬 더 복된 상태를 이루게 되었음을 보여줍니다. 그러나 더 이상 죽음의 그늘이 드리워진 포식관계 아래 있지 않

는 동물 세계의 평강을 그리고 있는 종말론적 묘사는 현재 우리가 보는 동물들의 포식관계가 타락으로 인한 결과이며 저주라는 사실을 오히려 더욱 잘 보여준다고 판단하는 것이 타당합니다. 그렇다면 이러한 판단은 타락하기 이전, 창조 처음에는 동물의 포식관계가 없었다고 보는 것이 옳다는 것을 증언하는 것이 아니겠습니까? 로마서 8장 19-22절의 말씀에서 보듯이 피조물의 썩어짐과 종노릇은 하나님의 아들들이 나타나는 종말의 영광의 때에 해소가 됩니다. 인간의 타락으로 인한 고통을 피조물들과 함께 탄식하며 함께 고통을 겪고 있는 것입니다. 이 모든 피조물들의 고통은 인간의 타락과 분명하게 관련이 있으며, 그렇기 때문에 인간의 종말론적 회복의 때에 그것들도 회복을 기대할 수가 있는 것입니다. 그렇다면 현재 상태는 창조된 상태와 비교하여 어떠할까요? 동물의 포식상태가 타락의 결과라는 것을 종말의 상태를 통하여 밝히 안 이상, 타락전 상태는 지금과는 다르다는 것을 잘 알 수 있게 합니다.

2-3부: 마치는 말

합신 선언문은 창조와 복음에 관한 성경의 올바른 전통적인 신학을 허무는 유신진화론을 배격합니다. 교회의 신학은 하나님의 직접적 창조에 대한 신앙이 성경의 계시에 일치하며, 교회의 전통적인 교리에 부합하다는 것을 고백하기 때문입니다.

유신진화론은 하나님의 창조와 섭리 활동을 혼동합니다. 뿐만 아니라 하나님의 존재와 속성을 바르게 설명하지 못합니다. 창조와 죽음, 그리고 타락 사이의 관계성을 어그러뜨립니다. 인간론에 있어서 몸과 영혼의 관계를 바르게 설명하지 못합니다. 그리고 창세기 1-3, 6-9장의 사건들을 역사적 사실로 판단하시는 예수님의 지식에 오류가 있음을 주장합니다. 아담의 죽음과 예수님의 부활의 관계를 설명하지 못합니다. 결론적으로 유신진화론은 교회가 지켜온 창조에 대한 표준교리를 대체할 수 없습니다.

유신진화론은 과학적 증거에 의해 지지를 받지 않으며, 신학적으로 판단할 때, 오류가 있는 신앙입니다. 1) 진화론 자체가 과학적 사실이 아니기 때문입니다. 2) 젊은이들이 교회를 떠나지 않도록 유신진화론을 주장해야 한다고 합니다. 그러나 잘못된 주장입니다. 유신진화론을 지지하지 않으면, 교회는 반지성적인 것일까요? 유신진화론이 진리라면 지지하지 않는 것이 반지성적이 될 것입니다. 그러나 유신진화론이 진리가 아니라면 지지하지 않는 것이 지성적입니다. 3) 특별계시인 성경과 일반계시인 자연은 일치되는 하나님의 계시이며, 성경은 구원의 복음을, 자연은 과학적인 진화를 말하기 때문에 유신진화론을 믿어야 한다고 주장하는 것은 잘못입니다. 유신진화론이 말하는 창조의 주체는 자연. 자연 스스로 생명을 조직화 해가는 것입니다. 그러면 사실 자연의 영광이 드러날 뿐입니다. 스스로 생명을 창조하는 자연을 과학의 이름으로 인정할 때, 보이지 않는 창조주 하나님을 믿는 것은 얼마나 큰 신앙을 요구할까요? 그러한 신앙이 불신자에게서 가능할까요? 더욱 불신자를 신앙으로 끌어올 수 있을까요? 성경은 신실한 기독교인이 자연에서 하나님의 신성과 위대함을 바로 본다는 것을 말합니다. 왜 그럴까요? 그것은 하나님께서 자연 안에서 발견하는 모든 것을 직접 창조하셨다는 것을 고백하기 때문입니다. 자연계시는 진화론을 계시한다는 것은 전혀 성경에 어긋난 주장입니다.

결론적으로 유신진화론은 복음을 훼손하고, 다음세대를 구원으로 이끌기에 많은 어려움을 줄 것이므로, 경계하고 배격하여야 합니다.

합동신학대학원대학교의
〈성경적 창조론 선언문 전문〉
(2018. 11. 15)

우리는 성경의 계시에 따라 하나님께서 태초에 우주와 그 안에 있는 모든 것을 직접 만드셨다는 창조의 사실을 믿는다. 근대에 등장한 진화론은 어떠한 모양으로 개진된 것이든지 하나님의 직접적인 창조를 부인한다는 점에서 성경의 창조론과 어긋난다. 최근 해외 일부 복음주의자들 가운데 하나님께서 진화의 방식으로 창조하셨다고 주장하는 '유신 진화론' 또는 '진화적 창조론'이 대두하고 있으며, 그러한 영향이 한국 교회 안에서도 점차 확산되고 있다. 이러한 사태는 신학자들의 사적 주장에 그치지 않고 목회자들의 성경 이해에 심각한 왜곡을 초래하며, 그리스도의 복음을 믿고 구원을 받아 신앙을 이어가야 할 다음세대의 복음 이해도 변질시키고 있다. 이에 합동신학대학원대학교 교수진은 이러한 현상을 심히 우려하여 유신 진화론을 비판하고, 다음과 같이 성경의 교훈에 일치된 창조론을 천명하며 그리스도의 교회를 복음 안에서 지켜나가고자 한다.

1. 창세기 1-3장을 비유적이거나 풍유적으로 해석하는 유신진화론을 배격한다.
   창세기 1-3장은 실제로 있었던 사건을 기록한 역사적 사실이다.

2. 창세기 1-3장 기록의 역사적 사실성을 부인하면서 지구상의 생명체의 존재에 대해 성경이 언급하지 않는 진화론적 결론을 임의로 도출해 내는 유신 진화론을 배격한다.
   예수님과 신약의 기자들은 창세기 1-3장을 역사적 사실로 믿었으며, 이러한 성경의 내용은 하나님의 직접적 창조가 오류가 없는 진실임을 말한다. (마 19:4-6, 23:35; 눅 3:38, 11:51; 행 17:26; 롬 5:14; 고전 11:8, 15:22, 45; 딤전 2:13-14; 유 14. 참고구절 히 11:1-7, 12:24; 벧전 3:20; 벧후 2:5; 요일 3:12; 유 11)

3. 창조와 복음에 관한 성경의 올바른 전통적인 신학을 허무는 유신 진화론을 배격한다.
   하나님의 직접적 창조에 대한 신앙은 성경의 계시에 일치하며, 교회의 전통적인 교리에 부합한다.

4. 무작위적인 무방향의 변이와 자연선택에 의해 생명이 출현하였다고 주장하는 유신 진화론을 배격한다.
   하나님께서는 자신의 뜻을 따라 말씀으로 우주와 그 안에 있는 모든 만물을 직접 창조하셨다. (창 1장)

5. 아담과 하와가 모든 인류의 조상이 아니라고 하며 아담과 하와 이전에 있던 선행인류에게서 육적인 몸을 받아 태어난 것이라는 유신진화론의 주장을 배격한다.
아담과 하와는 하나님께서 직접 창조하신 최초의 사람이다. (창 1:26,27; 2:22)

6. 아담과 하와 이전에 있던 선행인류들은 아담과 하와가 범죄 하기 이전에 이미 도덕적으로 악한 일을 행하였다고 주장하며, 아담과 하와는 무죄한 상태로 있었던 적이 없다고 말하는 유신진화론의 주장을 배격한다.
아담과 하와는 흠이 없는 순전한 상태로 창조되었으며, 아담과 하와는 첫 번째로 죄악을 행한 사람들이다. (창 3:6)

7. 아담과 하와의 범죄 이전에도 죽음은 이미 존재하였다고 하며, 아담과 하와 이전의 생물학적 조상인 선행인류도 죽도록 되어 있었고 실제로 죽었다는 유신진화론의 주장을 배격한다.
인류의 조상인 아담과 하와는 본래 죽도록 창조된 것이 아니다. 죽음은 아담과 하와의 죄악에 대한 하나님의 심판의 결과이다. (창 2:17)

8. 사람을 포함한 모든 생명체(식물과 동물)가 최초의 생명체인 어떤 공통조상으로부터 진화의 과정을 통해 출현하였다는 유신진화

론의 주장을 배격한다.

모든 식물과 동물들은 하나님께서 "그 종류대로" 창조하신 피조물이다. (창 1:12, 21, 25)

9. 식물, 동물, 사람이 지구에 등장한 이후에도 새로운 생물의 종류가 계속해서 탄생하고 있다는 유신진화론의 주장을 배격한다.

하나님께서는 정확히 6일 동안 창조 사역을 진행하셨고 일곱 째 날에 안식하셨기에, 새로운 종류의 생물을 창조하시는 그 이상의 창조 활동은 하지 않으셨다. (창 2:2)

10. 세계의 생존 환경이 본래에도 지금과 같았다는 유신 진화론의 주장을 배격한다.

하나님께서 지으신 세계는 본래는 "(심히) 좋은" 것이었으나, 아담과 하와가 죄를 범한 후에는 인간에게 적대적인 것으로 변질되었다. (창 3:18, 19)

유신 진화론은 성경의 창조론을 근본적으로 부정하는 것이다. 이러한 부정은 결과적으로 하나님의 형상으로서의 인간, 인간의 타락과 원죄, 그리스도의 대리속죄와 부활, 재창조 등 기독교 복음의 근간을 이루는 주요 진리를 거부하는 것이 되고, 복음과 교리 전반에 치명적인 해악을 끼치는 것이 된다. 이처럼 기독교의 복음 자체를 뿌리째 부인하는 유신 진화론은 지금 세대는 물론 다음세대에 속한 많은 이들이 성경의 교훈에 근거한 신앙을 떠나게 하거나 받지 못하게 만들고, 결국에는 교회의 존립을 위협할 것이다. 이에 합동신학대학원대학교 교수진은 이러한 불행한 사태를 방지하기 위해 유신 진화론이 주장하는 가르침들의 위험성에 대해 지적하면서 이 사상에 대해 심각한 경계심을 가질 것을 신학계와 교회에 강력히 권고하는 바이다. 아울러 신학교와 교회는 성경이 문자적으로 말씀하는 창조의 교리를 소중히 간직하여 지금 세대는 물론, 특별히 다음세대에 이 교리를 충실히 가르칠 책임이 있음을 엄숙히 확인한다.

한국창조과학회
〈신앙 고백문〉
(2018. 1. 20)

+ 살아계신 참 하나님은 오직 한 분이시며 모든 존재의 유일한 원천이시고, 하나님으로서 동일한 본질과 능력과 영원성을 가지신 성부, 성자, 성령의 삼위로 계심을 믿는다.(렘 10:10; 신 6:4; 고전 8:4,6; 롬 11:36; 마 3:16,17; 28:19; 고후 13:14; 요일 5:7, 살전 1:3,4)

+ 성경은 성령의 감동으로 씌여진 것이며, 순종해야 할 하나님의 말씀의 권위를 가지며, 또한 무오한 진리임을 믿는다.(딤후 3:16-17; 벧후 1:21)

+ 성경에는 하나님의 영광, 세상의 창조, 사람의 타락과 구원에 관한 하나님의 뜻이 기록되어 있으며, 사람이 믿어야 할 신앙과

행하여야 할 삶의 규범을 계시하고 있음을 믿는다.(딤후 3:16-17; 갈 1:8-9; 계 22:18)

+ 하나님께서 자신의 영원한 권능과 지혜의 영광을 나타내시기 위하여 천지만물을 무에서 창조하셨음을 믿는다.(창 1:1-31; 롬 1:20; 히 11:3)

+ 하나님께서 우주 안에 있는 보이는 것과 보이지 않는 모든 것들을 엿새 동안에 창조하셨으며, 그 모든 것들이 하나님께서 보시기에 심히 좋았음을 믿는다.(골 1:16; 행 17:24)

+ 하나님께서 모든 생물들을 처음 창조하실 때부터 각기 종류대로 만드셨음을 믿으며(창 1:21,24-25), 진화론과 수십억 년의 진화론적 시간 틀을 받아들이지 않는다.

+ 하나님께서 사람을 다른 피조물과 다르게 하나님의 형상을 따라 만드셨으며, 이성적이며 불멸하는 영혼을 주시고, 지식과 의와 거룩한 존재로 만드시고, 자유의지를 주셨음을 믿으며(창 1:26-27; 2:7; 전 12:7; 마 10:28; 눅 23:43; 엡 4:24; 골 3:10), 아담 이전의 죽음을 받아들이지 않는다.(롬 5:12; 고전 15:22)

+ 성경이 증언하고 있는 엿새 동안의 창조, 에덴동산에서의 아담과 하와의 타락과 죄의 형벌, 단 한 번의 전 지구적 심판인 노아 홍수, 바벨탑의 배도 등과 같은 기록들은 역사적으로 실제 있었던 사실임을 믿는다.(창 1:1-31; 3:1-24; 6-9장; 11장)

+ 하나님과 사람 사이의 유일한 중재자이신 예수 그리스도께서는 성자 하나님이신 참 하나님이시며, 창조주이시고, 성육하신 참 사람이시고, 하나님의 자녀들을 구원하시기 위하여 십자가에 죽으시고 사흘만에 부활하셨으며 하나님 우편에서 그들을 위하여 간구하시며 세상 끝 날에 다시 오시어 만물을 새롭게 하실 것을 믿는다.(사 42:1; 요 3:16; 딤전 2:5; 벧전 1:19,20; 요 1:1,14; 갈 4:4; 빌 2:6; 요일 5:20; 눅 1:27,31,35; 히 2:14,16,17; 4:15; 마 26:27; 빌 2:8; 행 2:23,24,27; 13:37; 롬 1:4; 고전 15:3-5; 막 16:19; 롬 8:34; 히 7:25; 9:24; 마 13:40-42; 롬 14:9,10; 행 1:11; 10:42; 벧후 2:4; 유 6)

+ 한국창조과학회는 성경의 진리와 함께 초대교회의 보편신앙인 니케아-콘스탄티노플 신경(AD 325, 381), 칼케돈신경(AD 451년)을 받으며, 정통교회에서 역사적으로 고백해온 사도신경과 성경과 창조에 관한 신조들을 받는다.